Joachim Hempel

Das Wort zum Alltag

Joachim Hempel

Das Wort zum Alltag

5 Minuten - Andachten aus dem Braunschweiger Dom 2014

Fromm Verlag

Impressum / Imprint
Bibliografische Information der Deutschen Nationalbibliothek: Die Deutsche Nationalbibliothek verzeichnet diese Publikation in der Deutschen Nationalbibliografie; detaillierte bibliografische Daten sind im Internet über http://dnb.d-nb.de abrufbar.
Alle in diesem Buch genannten Marken und Produktnamen unterliegen warenzeichen-, marken- oder patentrechtlichem Schutz bzw. sind Warenzeichen oder eingetragene Warenzeichen der jeweiligen Inhaber. Die Wiedergabe von Marken, Produktnamen, Gebrauchsnamen, Handelsnamen, Warenbezeichnungen u.s.w. in diesem Werk berechtigt auch ohne besondere Kennzeichnung nicht zu der Annahme, dass solche Namen im Sinne der Warenzeichen- und Markenschutzgesetzgebung als frei zu betrachten wären und daher von jedermann benutzt werden dürften.

Bibliographic information published by the Deutsche Nationalbibliothek: The Deutsche Nationalbibliothek lists this publication in the Deutsche Nationalbibliografie; detailed bibliographic data are available in the Internet at http://dnb.d-nb.de.
Any brand names and product names mentioned in this book are subject to trademark, brand or patent protection and are trademarks or registered trademarks of their respective holders. The use of brand names, product names, common names, trade names, product descriptions etc. even without a particular marking in this work is in no way to be construed to mean that such names may be regarded as unrestricted in respect of trademark and brand protection legislation and could thus be used by anyone.

Verlag / Publisher:
Fromm Verlag
ist ein Imprint der / is a trademark of
OmniScriptum GmbH & Co. KG
Heinrich-Böcking-Str. 6-8, 66121 Saarbrücken, Deutschland / Germany
Email: info@frommverlag.de

Herstellung: siehe letzte Seite /
Printed at: see last page
ISBN: 978-3-8416-0574-0

Copyright © 2015 OmniScriptum GmbH & Co. KG
Alle Rechte vorbehalten. / All rights reserved. Saarbrücken 2015

Inhaltsverzeichnis

Vorab:

„Das Wort zum Alltag"
von Domprediger em. Joachim Hempel — 11

„Schwarzbrot des Lebens"
von Paul-Josef Raue — 14

„Täglich predigen – Geht das?"
von Dompredigerin Cornelia Götz — 16

Neu anfangen – geht das?	19
Zwischen Weihnachten	20
Erwartungen	22
Von Großen und Kleinen	24
Weihnachtlicher Rest	25
Begegnungen unterm Baum	26
Winter oder Sommer?	28
1000 Kinder und keine Schuhe	29
Prophetenwort – politisch?	31
Gedenktag für die Opfer des Nationalsozialismus	33
Standpunkt oder Standlinie?	35
Übrig geblieben…	36

Vorgestellt – zurückgestellt	38
Haltung bewahren!	40
Geschichten aus 1000 Jahren an diesem Ort	41
Dompredigerin Cornelia Götz berufen…	42
Kann es einen Frühling ohne Winter geben?	43
Aller guten Dinge sind zwölf	44
Fasten – nicht diäten	46
Tut Buße	48
Gemeinsam Preis	50
Karneval	52
…auf der Lebensbahn	53
All Morgen ist ganz frisch und neu	55
Was für ein Tag, dieser 11.März?	57
Fast 2800 „Worte zum Alltag"	58
Gerechtigkeit Gottes	60
Gastfreundschaft	62
Pensionsalter	64
Dem Vernehmen nach…	67
Wie du mir, so…?	68
Schuhe putzen	70

Hass und Schuld	71
Respekt vor armen Menschen	73
Was ist der Mensch?	74
Gewinnen ist schöner als verlieren	76
Karwoche „Unterm Kreuz"… stehen, liegen, leiden…	78
Stunden und Tage und Jahre	82
April	83
Armer Mai	84
Weißt du wieviel Sternlein stehen an dem blauen Himmelszelt?	86
Abschied des Landesbischofs	88
Vergiss nicht, wem du was verdankst	89
Völkerbund – Vereinte Nationen	90
Alte Texte – Worte von früher	91
Konfirmation	93
Dreimal Himmel	95
Delegation ins Heilige Land	96
Gott gebe mir…?	98
Tag der Domsingschule	99
Wandmalereien	100
Christi Himmelfahrt	102

Schutzhütten auf Lebenswegen	103
Verstehen	104
Gemeinsam Preis	106
Zu Besuch	108
Große Baubegehung	109
Mittelalter	111
Tag der Senioren	113
Bläser für eine gute Sache	115
Von Angesicht zu Angesicht	116
Sportler-Einkehr im Dom	118
Abschiednehmen	120
Lebens-Zeit	122
Zeitspanne	123
Zur Wochenmitte	126
Du gehörst zu mir	127
Haschen nach Wind	129
Mathilde von England	131
„last but not least"	133

DAS WORT ZUM ALLTAG

ist der kleine Alternativentwurf zum 'Wort zum Sonntag' und wollte, von meinem Vorgänger Armin Kraft vor 45 Jahren initiiert, dem Wort Gottes seine Alltagstauglichkeit erhalten; den mehr oder weniger religiös musikalischen Braunschweigern gleichzeitig in Erinnerung rufen, dass Kirche nicht nur etwas für Hoch-Feiertage ist.

Skeptische oder hämische Kommentare wichen sehr schnell der Erkenntnis: „Das findet ja wirklich jeden Tag statt, - jeden Tag Andacht im protestantischen Dom, - die Türen sind offen, - da ist wirklich jeden Tag ein Pastor zu treffen, da spielt einer an der Orgel für so ein paar Minuten – und: da sind wirklich Leute und gar nicht wenige: Hätt'ste nicht gedacht!"

Das Wort zum Alltag ist inzwischen eine Institution; Domglocken nachmittags kurz vor 17 Uhr gehören zum Stadtklang; zwischen 50 und mehreren hundert Besucher sitzen 'Auf ein Wort' im Dom. Die liturgische Form ist schlicht, die Predigt kurz aber heftig; eben Alltagstauglichkeit ist gefragt.

Zwischen 1992 und 2014 habe ich 3000 solcher Andachten gehalten; jeden Tag live auf der Kanzel, in geschriebener und gedruckter Form zum Mitnehmen, unter 0531 - 1 79 80 täglich am Telefon zu hören, als App zu erhalten, im Internet unter www.braunschweigerdom.de zu lesen und im lokalen Radio Okerwelle zu hören.

Von Januar bis Juni 2014 hielt ich den letzten Andachtszyklus, hier liegen diese Andachten nun in gedruckter Form eines kleinen Buches vor. Der *Fromm-Verlag* fand die Idee, diese Andachtsserie zu veröffentlichen, interessant, weil sie mit dem Domprediger Joachim Hempel in seinen Ruhestand ging.

Ich freue mich, dass der Chefredakteur der *Thüringer Allgemeinen*, Paul-Josef Raue, die für norddeutsch-protestantische Verhältnisse eher überraschende Einrichtung der 5-Minuten-Andacht im Dom und aus eigener Anschauung Predigt und Prediger würdigt.

Meine Nachfolgerin, Dompredigerin Cornelia Götz, beschreibt in einem Wort zum Alltags-Buch die Herausforderung und die großartige Chance des täglichen Predigens: *„Ein gutes Wort zur rechten Zeit, wie schön ist das!"* fand schon der weise Kohelet *(Prediger Salomo) heraus.* Was für eine wunderbare Tradition lebt da im Braunschweiger Dom.

Lesefreude und Lesegewinn wünscht
Domprediger em. Joachim Hempel

Mai 2015

P.S.:

Ohne die Mühe und Freude am Korrigieren, die meine Frau in zahlreichen Stunden aufgebracht hat, ohne ihre Bleistift gestützte 'Kommata-Kenntnis', wären die Texte im Originalzustand geblieben, was dem Büchlein nicht gut getan hätte!
Gisela, danke!
Und ohne Domsekretär Marc Bühners Fähigkeiten am PC mit dem Formatieren, Sortieren, Neuschreiben und Zurechtrücken, ohne seine Geneigtheit dem 'Wort zum Alltag' gegenüber, das er selbst als Prädikant ein ums andere Mal selbst im Dom gehalten hat, wäre das Buch nicht geworden. Danke!

„Schwarzbrot des Glaubens"
von Paul-Josef Raue

Joachim Hempel steht in der Mitte eines Vulkans und predigt, gesäumt von Feigenbäumen und Menschen, die frieren und auf die Sonne warten. Das Bild kommt wie ein Symbol daher: Dieser Prediger ist der Vulkan!

Doch Joachim Hempel hat es mehr mit der Wirklichkeit als mit Symbolen. Auf seinen Reisen ins Morgenland, in dem unser Abendland gründet, predigte er in der Wüste von Abu Dhabi, auf den vergessenen Gräbern von Bahrain – und eben im Krater eines Vulkans auf einer Insel mitten im Atlantik.

Diese Reisen sind nahrhaft für einen Prediger: Hier erforscht und erlebt er, worüber er in Braunschweig sprechen kann. Jeder Prediger braucht einen großen Vorrat an Erlebnissen, Geschichten und Bildern. Er mag sich noch so gut in der Bibel auskennen und in den Büchern der Deuter, die Bibliotheken füllen: Der Prediger muss Bibel und aktuelle Erfahrung mit dem Leben der Menschen verknüpfen, mit ihrem Alltag.

Wer mehr als dreitausend Mal am Abend auf die Kanzel steigt, der darf sich nicht wiederholen, nicht immer dieselben Geschichten erzählen, der darf nicht langweilen, sonst kommt statt zweihundert Zuhörer oder mehr nur noch eine kleine Schar, die vielleicht nicht einmal das Hörgerät einschaltet. In einer Weihnachtspredigt nannte Joachim Hempel die Übersetzung des Alltags in die Erkenntnis, was die Welt zusammenhält: „Schwarzbrot des Glaubens".

Ein Prediger, der in seinem langen Pfarrer-Leben Hunderttausend zum Zuhören bannte, polterte nicht selten über die Gedankenlosigkeit und Fahrlässigkeit seiner Christen, über Kälte und Unmenschlichkeit. Aber wenn sein Wort-Gewitter verzogen ist, folgte fast immer – und sei die Welt noch so aus den Fugen geraten – der versöhnliche Satz: Immer noch sind Menschen, trotz aller gegenteiliger Erfahrung, in der Lage, einander zum Segen zu werden.

Dann segnet er die Menschen, Abend für Abend – so wie seine Vorgänger getan haben und seine Nachfolgerin tun wird. Seit fast einem halben Jahrhundert ist die Predigt am Abend eine Tradition, die einmalig ist in Deutschland. Der Dom ist dank seines Predigers nicht nur ein Ort für Touristen und ein Magnet an Heiligabend, sondern ein fester Ort der abendlichen Besinnung und der Aufforderung: Fragt nicht Gott, warum er all das Elend zulässt – fragt die Menschen, warum sie es Menschen antun.

So wird Predigt – und der Prediger - zum wahren Segen für die Menschen.

"Täglich predigen – Geht das?"
von Dompredigerin Cornelia Götz

Zu den Aufgaben der Predigerinnen und Prediger am Braunschweiger Dom gehört es seit reichlich vier Jahrzehnten tagtäglich am späten Nachmittag auf die Kanzel zu steigen und den Menschen, die ihre Wege unterbrochen haben und nun hier innehalten, einen guten Gedanken und ein Gebet mitzugeben.

„Wie geht das?" wird man manchmal gefragt und ist das nicht ein ungeheuer Stress, jeden Tag ein „Wort zum Alltag" parat zu haben?

Natürlich braucht auch das kleine „Wort zum Alltag" seine Zeit und muss überlegt und geschrieben werden. Aber es ist ja fast ein Luxus, so etwas tagtäglich tun zu dürfen. Dabei geht es manchmal ein bisschen nach der Trüffelschweinmethode: man ist immer dabei, mit einem Auge oder Ohr zu sichten, ob sich dies oder das nicht auch für ein Wort zum Alltag verwerten lässt.

Aber mit der Zeit habe ich gemerkt, das Horten und Sammeln kleiner schmackhafter Andachtskerne ist gar nicht so dringend nötig. Ganz im Gegenteil: das Wort zum Alltag eignet sich nicht als Form, die man auf Vorrat hält. Jeder Tag hat seine eigene Geschichte, jeden Tag wirft uns das Leben seine Wirklichkeiten vor die Füße, manchmal sind sie zum Lachen, manchmal zum Weinen, manchmal zum Staunen, manchmal zum Klagen. Indem man sie aufhebt und ansieht und nach einem passenden

Bibelwort oder Choralvers sucht, werden Predigten daraus – Auslegungen dessen, was wir tagtäglich erleben, Anknüpfungspunkte für Gottes Wort im Hier und Jetzt. Gut möglich, dass auf diese Weise in vielen Jahren „Wort zum Alltag" eine kleine Braunschweiger Chronik entstanden ist.

Gern können Sie sich auf den folgen Seiten davon selbst überzeugen!

Neu anfangen - Geht das?

„Dann will ich noch einmal ganz neu anfangen, wir werden auswandern, nach Kanada, und wollen noch einmal ganz neu anfangen." Wie oft habe ich diese Worte in Filmen gehört: Nach großem Chaos und großem Durcheinander wollte irgendjemand mit irgendjemandem irgendwo noch einmal ganz von vorn anfangen. Wir wissen, das neue Jahr ist im Prinzip eine Kalendergeschichte. Das, was uns gestern beschäftigt hat, ist heute nicht egal, vieles nehmen wir mit; denn wir sind es, die ins neue Jahr gehen, mit allem, was wir sind und haben. Wie wir geworden sind, was aus uns geworden ist bis zu diesem Tag. Neu anfangen, das ist eine große Vorstellung; aber neu anfangen heißt, sich mit dem Alten aussöhnen, sich mit sich selbst, gerade auch mit den eigenen Fehlern, Schwächen und Misserfolgen, Krankheiten und mit all dem Vom-Weg-Abgekommen-Sein aussöhnen. Natürlich kommt dauernd etwas Neues hinzu, jeder Augenblick, der kommt, ist neu; aber ich bin, der ich bin.

Neu anfangen im biblischen Sinn heißt: „tut Buße" - umkehren, Falsches zurücklassen, Schuldbeladenes bekennen und um Vergebung bitten, gelöster und befreiter den Weg wagen.

„Meine Zeit steht in deinen Händen, Herr", sagt der Psalmbeter. Das ist die alte, die neue und die gegenwärtige Zeit; da hat einer den Gesamtüberblick und hält alles zusammen. Vielleicht ist das das Geheimnis des Vertrauens, da kann Neues werden, weil das Alte geworden ist.

Zwischen Weihnachten

Ein herzlicher Gruß zwischen Weihnachten: Dem des Abendlandes und der westlichen Kirchen am 25. Dezember, dem der orientalischen- und Ostkirchen am 6. und 7. Januar und dem der Armenisch-Apostolischen Kirche am 19. Januar. Es gibt Orte auf dieser Welt, da kann man all diese drei Weihnachtsfeste nacheinander erleben, zum Beispiel in Jerusalem. Aber wir brauchen gar nicht so weit weg, auch in Braunschweig ist das möglich. Das eine Weihnachtsfest liegt hinter uns, das der Griechisch-Orthodoxen Gemeinde könnte man, wenn man wollte, Anfang der Woche in der alten Domfriedhofskapelle oder in Gifhorn mitfeiern. Und am 11. Januar laden die Armenier in Braunschweig, gemeinsam mit dem Primas der Armenisch Apostolischen Kirche Erzbischof Bekdjian, zu einem Weihnachtsgottesdienst in die St. Michaelis-Kirche ein, mitten in unserer Stadt. All das, wenn man will, kann man zur Kenntnis nehmen, man kann sich darüber freuen, man kann sich darüber wundern, man kann dabei sein. Menschen haben immer wieder unterschiedlichste Traditionen gepflegt und eigentlich macht das die Erde ja interessant. Nicht die überall in gleicher Weise auftretenden Filialen großer Ketten oder die gleichmäßig ausstaffierten Hotels großer Ketten, nicht die überall gleichen Fast-Food-Versorgungsketten machen ja Städte, Orte und Länder interessant, sondern gerade die Unterschiedlichkeit. Natürlich, ich weiß, es gibt Menschen, die reisen gerne irgendwo hin, um dann besonders glücklich zu sein, wenn sie alles so antreffen, wie sie es schon von zu Hause gewohnt sind, vor allen Dingen auch, dass man dann natürlich Deutsch spricht.

Nun gut, aber eigentlich geht es um Alleinstellungsmerkmale; es geht um das Besondere, das Andere, das Interessante; das eben nicht die ganze Welt nach einem Einheitsraster geschaffen ist. Dieser Globus so klein, dieser Erdenwinzling im Weltall und doch so unterschiedlich. Wasser und Land, Berge und Täler, Städte und Dörfer, Felder und Wälder, Flüsse und Bäche, Wüsten und tropische Wälder und mittendrin der Mensch, der interessanterweise an fast allen Stellen gelernt hat, gelernt hat - zu leben. Gleichmacherei in Architektur und Baustil; da sind die Glashochhäuser dann höchstens in der Höhe unterschiedlich, aber das war es dann auch. Ist das wirklich interessant, wird das halten, bleiben, überdauern, gar Jahrhunderte oder wie die ägyptischen Pyramiden und die große Mauer in China Jahrtausende? Man darf skeptisch sein und skeptisch bleiben. Skepsis ist sehr oft ein heilsamer Wegbegleiter.

Nun also, unser Bogen zwischen Weihnachten – zurück zu uns. Schon wieder 4. Januar und das vermeintlich Neue hat dem zu Erwartenden, Alltäglichen Platz gemacht. Aber die Freude an Neuem möge uns bleiben; sie hat etwas mit der grundsätzlichen Ausrichtung unseres Lebens zu tun; das geht nach vorne, nicht zurück. Die Lebensuhr läuft weiter nicht rückwärts.

Von guten Mächten wunderbar geborgen erwarten wir getrost, was kommen mag. Gott ist mit uns am Abend und am Morgen und ganz gewiss an jedem neuen Tag.

Schöner als Dietrich Bonhoeffer können wir diese Haltung zwischen Weihnachten, zwischen Heute und Morgen nicht ausdrücken.

Erwartungen

Was dürfen wir erwarten? Was ist realistisch?
Was ist unverschämt? Was illusorisch?
Ein neues Jahr erweckt den Eindruck, als sei alles neu und als läge ein weites Feld der Wünsche und Möglichkeiten vor uns. Und das Merkwürdige ist, das stimmt ja auch! Allerdings gilt das im Grunde für jeden neuen Tage, für jeden neuen Augenblick auch, - denn Unbekanntes liegt vor uns; erst wenn wir es erleben und erlebt haben, sind wir wirklich schlauer. Ob wir allerdings auch klüger oder gar weiser sind, das steht erstmal dahin.
Ein neues Jahr jedenfalls mit all seinen knallenden und funkensprühenden Sitten und Gebräuchen ist nur der Versuch, diese Grunderkenntnis des Lebens kalendermäßig mal zu verorten, weil wir sonst in allem Planen, Vorbereiten und Durchstrukturieren uns selbst und anderen vorgaukeln, dass Zukunft verfügbar sei; ist sie aber nicht! Spätestens, wenn wir

den nächsten Augenblick nicht mehr erleben, ist klar, unser Leben ist an sein irdisches Ziel geraten, und statt Leben ist dann Tod.

Wer die Vergänglichkeit der Zeit nicht nur wahrnimmt, sondern wie zu Silvester gar feiert, sollte sich sektselig oder nur selig klar sein, was er oder sie feiert: Vom begrenzten Zeitkontingent des Lebens ist wieder ein gerüttelt Maß vergangen.

Doch wahr bleibt eben auch, vom Kommenden darf der Mensch alles wünschen und erhoffen, auch wenn nicht alles kommt. Wo Leben inhaltslos oder inhaltsleer nur mehr abläuft, verliert es an Qualität und an noch bleibender Quantität zugleich.

Wünschen Sie sich vom noch kommenden Teil Ihres Lebens viel, damit einiges sich erfüllt; wünschen Sie sich Menschen in Ihrer Nähe, die Ihnen guttun und die gerne mit Ihnen sind. Wünschen Sie sich vor allem, dass Gott Sie geleite in guten und schweren Tagen; denn er ist der Einzige, der auch am letzten Tag noch bei ihnen ist, wenn der letzte Augenblick gelebt ist.

Der Herr behüte deinen Ausgang und Eingang von nun an bis in Ewigkeit.

Von Großen und Kleinen

Das Bibelwort an diesem Montag einer neuen Woche lautet: Jesus sagt: *„Ihr wisst, die als Herrscher der Völker gelten, unterdrücken sie und ihre Großen setzen ihre Macht gegen sie ein. Unter euch aber sei es nicht so, sondern: Wer unter euch groß sein will, sei euer Diener".* (Markus 10, 42-43)

Praktisch kann man in der Tradition der Kirche das, was Jesus hier meint, am Gründonnerstag erleben. Auch wir haben seit vielen Jahren den altkirchlichen Brauch wieder aufgegriffen und laden bekanntermaßen zu einer Fußwaschung ein. Das Bild gilt: *Bei euch soll es anders sein.* Die Beschreibung der Welt in diesem kleinen Bibelwort ist erstaunlicherweise auch nach zweitausend Jahren noch so zutreffend wie ehedem. Es wird dadurch Macht ausgedrückt, dass andere bedrückt werden, im schlimmsten Fall unterdrückt, niedergedrückt, versklavt, in Krieg und Terror ums Leben gebracht werden. So geht es zu; es ist schlimm genug, dass in unserem fortschrittlichen 21. Jahrhundert die Welt nicht viel anders aussieht, trotz all unseres Wissens, Begreifens, Verstehens, unserer Kunstfertigkeiten, unserer wirtschaftlichen und finanziellen Möglichkeiten, unserer Bildungssysteme. Syrien, Irak, Afghanistan, Südsudan, Kongo, Zentralafrikanische Republik – der Weltglobus hält augenscheinlich immer wieder plakativ neue Orte bereit, an denen exemplifiziert wird, was Jesus mit seinem Wort meint. *„Aber unter euch, unter uns, soll es anders sein"*, damit haben wir gut und genug zu tun. Denn hier geht es nicht nur um die Herrscher und die Beherrschten, die Mächtigen und die Machtlosen, sondern hier geht es darum, wie wir, da wo wir Verantwortung tragen, eigentlich mit Macht und Einfluss umgehen, und wie das aussieht, wenn wir Verantwortung wahrnehmen und uns nicht aus ihr schleichen und stehlen. Das aber ist Alltagsmünze in ganz kleinem Nennwert. Dieses uralte Thema: Ich und die anderen, die anderen und ich. Wie geht es da zu bei ihnen, bei mir? Wann überschreiten wir Grenzen, wann gibt es Warnsignale, wann erinnern wir uns an solch ein Wort der Bibel?

Weihnachtlicher Rest

Merkwürdig und immer wieder für eine Überraschung gut: Da kommst du nichts ahnend an einem grauen Tag im Januar in den Dom und siehst auf stolze Weihnachtsbäume. Die Nadeln sind noch dran: Wunderbar, dass diese Bäume standhalten gegen das berühmte Gerücht, 'die nadeln schon am 2. Weihnachtstag'. Sie glänzen und sie strahlen und es sieht schön aus. Was für ein Bild! Genießen Sie es!

Die Bäume sind eine wunderbare Erinnerung daran, dass wir uns im weihnachtlichen Festkreis befinden. Wir zählen die Sonntage noch nach dem Epiphaniasfest und freuen uns, dass das Licht des Sterns von Bethlehem noch nicht wieder ausgeknipst ist und die Botschaft vom Frieden auf Erden und von der Ehre, die Gott dem Schöpfer gebührt, noch nicht wieder ganz verklungen und in die Endlos-Bandmusik der Kaufhäuser und Arkaden übergegangen ist. Wir freuen uns, dass es noch einen Rest gibt, einen weihnachtlichen Rest, den wir hüten und schützen. Es tut uns gut, wenn die Hektik, dieses Hype-Weihnachtsfest, vorbei ist, uns an den Kern doch gerne erinnern zu lassen. Es tut uns gut zu hören, dass Gott die Nähe zu seinen Menschen sucht; er ist nicht der irgendwo ferne, sondern er ist uns in einem Kind ganz nahe gekommen. Es ist kein Wunder, dass Martin Luther den Christenmenschen in Erinnerung gerufen hat: Wenn du in das Gesicht eines Kindes siehst, siehst du in das Gesicht des Christkindes. Wahrer Mensch, mit allem Drum und Dran - und wahrer Gott, so nah, so in unserer Nähe.

Begegnungen unterm Baum

Unterm Licht der Weihnachtsbäume und des Sterns von Bethlehem findet heute im Anschluss der Abend der Begegnung unserer Landeskirche statt.

Wunderbar – wo gäbe es einen Ort, sich zu begegnen, der besser geeignet wäre, als unter dem Licht des Sterns von Bethlehem. Da waren sie doch, die Hirten und die Herden, die Könige und die Weisen, Mutter und Vater, die himmlischen

Heerscharen – was für eine illustre Gesellschaft. Die hochgestellten Persönlichkeiten der damaligen Zeit waren mit anderen Sachen beschäftigt, als in Bethlehems Stall Gott die Initiative ergriff und handelte. Wer sich aber mit dieser Geschichte beschäftigt, auf die Krippe sieht, sich an Jesus erinnert, befindet sich in guter Gesellschaft. Mit Hirten und Herden, mit Weisen und Klugen, mit Mutter und Vater und Kind und mit himmlischem Lobgesang sind wir wirklich in guter Gesellschaft. Es ist gut, wenn uns noch einmal deutlich wird, was es eigentlich bedeutet, dass Gott in tiefster Nacht erschien, um mit seinem Licht Licht in die Dunkelheiten der Welt zu bringen, nicht nur der großen und ganzen, sondern auch der kleinen und meinen Welt. *„Weil Gott in tiefster Nacht erschienen, kann unsere Nacht nicht endlos sein",* heißt es in einem Choral, dessen Melodie wir gehört haben. Wenn Gott für uns da ist im Dunkeln, brauchen wir uns nicht zu fürchten, dann gibt es keine endlosen Tunnel. Ein Tunnel hat einen Eingang und einen Ausgang, sonst ist er kein Tunnel, sondern ein Stollen, der in einen Berg führt. Licht am Ende des Tunnels ist in vielen dunklen Lebenssituationen das Bild, auf das es ankommt. *„Nachdem Gott vorzeiten wiederholt durch die Propheten geredet hat, hat er jetzt zum Schluss zu uns im Sohn geredet",* heißt es im Hebräerbrief des Neuen Testaments. Zu uns hat er geredet, die Botschaft gilt uns. *„Die Ehre sei Gott in der Höhe und Friede auf Erden und den Menschen ein Wohlgefallen."*

Winter oder Sommer?

Ist es nun Winter oder ist es nicht? Sommer ist es nicht, aber Winter eben auch nicht so richtig! Es ist mit den Eindeutigkeiten nicht immer so einfach, wie bei uns im Leben auch. Wann sind wir schon eindeutig; sind wir nicht oft mehrdeutig, mindestens zweideutig? Besteht nicht das gesellschaftliche Zusammenleben aus sehr viel mehr Zweideutigkeit, als uns manchmal lieb ist? Da sagt jemand etwas, und man möchte dem vertrauen, und dann stellt man fest: Hinten herum, hinterm Rücken, kommt alles noch einmal ganz anders auf einen zu. Oder einem anderen gegenüber hat Mensch genau das Gegenteil von dem gesagt, was Mensch mir gerade gesagt hat. Besondere Vorsicht ist immer dann geboten, wenn um Vertraulichkeit gebeten wird.

Die Natur ist ein Lehrmeister: Dass nicht Sommer ist, erkennen wir an den Temperaturen, aber auch daran, wie es draußen aussieht, keine Blätter, keine Blüten, keine Früchte, aber Knospen. Knospen gehören nicht nur ins Frühjahr; Knospen gibt es auch schon in der dunklen Jahreszeit, im Winter. Natürlich, wenn es friert und kalt ist, wenn es schneit und Eis gibt, sehen wir und verstehen, nun ist es Winter. Auch da gilt: Die einen finden es schön, die anderen eher ärgerlich; es gibt keine Eindeutigkeit. Würde man Wetterumfragen machen – Wie hätten Sie es denn gern? – würde, glaube ich, nicht viel Sinnvolles dabei herauskommen. Sich im Leben so zu bewegen, wie das Leben nun einmal ist, wird von manchen als Pragmatismus beschrieben, ändert aber nichts an der Tatsache, dass ich mein Leben nur so annehmen kann, wie es gerade ist. Alle Veränderung wohnt der Tatsache inne, dass ich das, was ist, erstmal zur Kenntnis nehmen muss, mich zu ihm verhalten muss, es akzeptieren oder nicht akzeptieren kann – also Schritt für Schritt, Augenblick für Augenblick, Minute für Minute, Tag für Tag, anders gibt es das Leben nicht. Das ist auch das Geheimnis von Eindeutigkeit und Zwei- oder Mehrdeutigkeit. Jeder neue Augenblick ist eine neue Herausforderung, eine neue Versuchung, eine neue Bestätigung. Das, was gestern gut war, muss morgen nicht auch noch gut sein und das, was gestern nicht geholfen hat, kann morgen vielleicht helfen. Leben ist lebendig in Bewegung, das ist manchmal anstrengend, aber das ist es eben, unser Lebensweg. Ehrlichkeit und Aufrichtigkeit sind dabei sicherlich nicht die schlechtesten Geländer, an denen wir uns orientieren können.

„Ein wahrhaftiger Mund besteht ewiglich."

1000 Kinder und keine Schuhe

`1000 Kinder und keine Schuhe´ heißt ein Projekt des Braunschweiger Doms, mit dem wir seit vielen Jahren die `Evangelische Gemeinde Deutscher Sprache in Äthiopien' unterstützen. Sie hat auf ihrem Kirchengelände eine private

Schule errichtet, in der Kinder aus den Slums der Hauptstadt unterrichtet werden, deren Eltern nicht in der Lage sind, Schulgeld an staatlichen Schulen zu bezahlen. Das geht natürlich nur dadurch, dass Freunde und Sympathisanten das Projekt fördern. Einmal im Jahr erhalten alle Kinder Schulkleidung und auch ein paar Schuhe. Dadurch sollen Unterschiede zwischen den armen Familien im Schulalltag keine sichtbare Rolle spielen.

Vor 40 Jahren waren es 25 Mädchen, mit denen das Projekt begann, inzwischen werden 1000 Kinder unterrichtet und die Schule hat viel Anerkennung erfahren. Jetzt werden auch blinde Kinder in den Schulalltag integriert. Der Lerneifer und die Freude, zur Schule gehen zu dürfen und zu können, sind riesig groß. Ich habe selten so viele fröhliche Schulkinder auf einem Haufen gesehen wir hier. Diese Freude am Lernen, die Freude über die Chance, aus dem eigenen Leben noch etwas anderes als eine Bettlerkarriere werden zu lassen, ist Respekt und Unterstützung wert.

Ich habe viele Jahre lang in der Zeitschrift `WIR IM BESTEN ALTER´ den Leserinnen und Lesern schreiben dürfen. Nun gehe ich in wenigen Monaten in den Ruhestand; damit wird auch meine Kolumne enden. Da dachte ich doch, einmal darf ich von dieser tollen Schule etwas schreiben. Vielleicht haben Sie Lust, den Dom bei seinem Projekt zu unterstützen. Wenn Sie das hier nämlich lesen, bin ich gerade mit einer Studienreisegruppe in

Äthiopien auf den Spuren der legendären Königin von Saba unterwegs; zum Schluss besuchen wir die „German Church School" - die Schule der „Evangelische Gemeinde Deutscher Sprache in Äthiopien" und überbringen auch eine weitere Spende.

Prophetenwort – politisch?

„Wie lieblich sind auf den Bergen die Füße der Freudenboten, die da Frieden verkündigen, Gutes predigen, Heil verkündigen."
(Jesaja 52, 7)

Ist dieses alte Prophetenwort politisch, und wenn ja, was ist gemeint? Politisch gleich parteipolitisch, lobbyistisch oder, im Sinne des Ursprungs des Wortes, das Zusammenleben in einer Stadt, der Polis, betreffend. In einem intensiven Briefwechsel mit einer Frau, die vor einiger Zeit aus der lutherischen Kirche ausgetreten und in die römisch-katholische Kirche eingetreten ist, geht es unter anderem um diese Frage: Sind lutherische, protestantische Prediger politisch, politischer als ihre römisch-katholischen Kollegen? Das alte Prophetenwort setzt eine Priorität. *„Frieden verkündigen, Gutes predigen, Heil verkündigen"*, das meint nicht ausschließlich den inneren Frieden, das persönlich Gute, das eigene Heil. Menschliches Leben ist nicht eine Robinsonade, menschliches Leben ist von

Anfang an eine Ich-Du-Beziehung. Wenn es nicht nur egozentrisch um mich geht, sondern immer auch um das Zusammenleben mit anderen, ist das im Kern schon politisch. Wenn mir das Heil, das Wohl und Wehe der Menschen als Seelsorger am Herzen liegt, werde ich die Rahmenbedingung, unter denen sie ihr Leben leben, nicht außer Acht lassen können. Ich habe meine mich zutiefst berührenden Erfahrungen während des Vikariats in Äthiopien gemacht, als sich dort Anfang der siebziger Jahre eine große Hungerkatastrophe ereignete, und die Christen im Land aufgefordert waren, solidarisch den Nächsten zu lieben, mit Rat und Tat und ganz praktischer Hilfe zur Seite zu stehen. Die kaiserliche Regierung damals war allein nicht willens und auch nicht in der Lage, überall zu helfen, also mussten die Kirchengemeinden handeln, evangelische und orthodoxe, die in Äthiopien die große Mehrheit der Christen stellen. Wir haben uns bei der Organisation von Lkws als Transportmittel, bei der Besorgung von Getreidesäcken und deren Verteilung, bei der Überlegung, wie wir sauberes Trinkwasser anbieten konnten, natürlich eingemischt in das, was eigentlich staatliche Aufgabe war. Ist es die Aufgabe eines Pastors, sich um trinkbares Wasser und tägliches Brot zu kümmern, reicht es nicht, dass er das anderen überlässt und selbst singt und betet und Sterbenden tröstlichen Zuspruch mitgibt? Ich wollte hier nie auf eine Seite verrechnet werden, für mich sind das zwei Seiten einer Medaille und insofern war ich politisch. Im Übrigen muss ich ehrlicherweise sagen, ich kann nicht erkennen, dass Menschen, die nur deswegen, weil sie ein anderes akademisches Studium hinter sich gebracht haben als ich, die nicht mehr als ich mit zwei Staatsexamina nachgewiesen haben, dass sie ihr Studium erfolgreich zu Ende gebracht haben, dass sie nun besser in Lage wären, das gesellschaftliche Leben zu beschreiben, zu erklären und bei der Lösung seiner Probleme zu helfen, als das für einen anständig ausgebildeten und studierten Theologen gilt. Dazu sind wir alle aufgerufen mit unseren jeweiligen Gaben und Begabungen, uns einzusetzen und der Stadt Bestes zu suchen. Wer Gutes predigt, Heil verkündet und die weihnachtliche Botschaft vom Frieden predigt, kann gar nicht anders, als politisch zu sein. Mit Verlaub, die Kirche Jesu Christi ist Kirche Jesu Christi in dieser Welt: *Also hat Gott die Welt geliebt, dass er ihr sein Bestes gab, seinen Sohn;* von <u>dieser</u> Welt ist die Rede, nicht von Wolkenkuckucksheim, nicht von einer ausschließlich inwendig sich äußernden Weltsicht, sondern von dieser Welt ist die Rede, so, wie sie ist, mit allem, was sie ist oder was man auf ihr vermissen kann.

Gedenktag für die Opfer des Nationalsozialismus

Heute ist der offizielle Gedenktag für die Opfer des Nationalsozialismus. Am 27. Januar 1945 wurde das Konzentrationslager Auschwitz befreit. Der Opfer zu gedenken bedeutet, an Menschen zu erinnern wie du und ich, denen von anderen Menschen das Leben genommen wurde. Wir gedenken ihrer im Dom vor Gott und bitten ihn zu vollenden, was auf Erden unvollendet geblieben ist, in seine Ewigkeit zu führen, was in der Zeitlichkeit auf Erden durch Herrschende, Mächtige und Befehlende ausgelöscht wurde.

Die Frage, die viele Menschen umtrieb und bis in diese Tage umtreibt, lautet: Wie konnte Gott das alles zulassen? Dies ist im Kern die Frage: Wie kann Gott es zulassen, dass ich mich heute so und morgen anders entscheide? Wie kann es sein, dass aus einem kleinen Kind eine Mutter Teresa oder ein Albert Schweitzer, ein Adolf Hitler oder Josef Stalin wird? Die entsprechenden Beispiele unserer Tage sind schnell bei der Hand. Erinnerung allerdings Historikern oder den Geschichtsbüchern zu überlassen, wird weder den Opfern gerecht, vor allen Dingen den unbekannt und anonym gebliebenen, noch ist es eine wirklich befriedende Antwort auf die Frage: Was ist der Mensch? Darum ist es auch ein kleiner, aber bedeutender Unterschied, ob wir sagen: „Wir erinnern uns an" und müssen dann mit den Achseln zucken, weil wir niemanden von den Opfern persönlich kannten; oder ob wir sagen: „Wir erinnern vor Gott an die, deren Leben auf Erden unvollendet geblieben ist." Wir rufen nach Gottes Gerechtigkeit, hier in der Zeit und dereinst in der Ewigkeit, und wir rufen uns selbst und die Mit-uns-

Menschen in die Verantwortung, in die Ehrfurcht vor dem Leben in all seinen vielfältigen Facetten. Wir rufen es hinein in die Schrecken unserer Tage, wo in Syrien oder anderswo Menschen auch zu dieser Stunde zu Opfern von Gewalt und Terror werden. Herr, erbarme dich.

Standpunkt oder Standlinie?

„Nein, nein, schüttelte er den Kopf, da habe er seinen Standpunkt, von dem lasse er sich nicht abbringen und überhaupt solle man ihn doch gefälligst mit solchen Dingen in Ruhe lassen!"

Sich eine eigene Meinung bilden, das ist gut, einen Standpunkt haben ist wichtig; aber wenn ein Mensch auf einem Standpunkt zum Stehen kommt, wenn er unbeweglich wird, wenn er seinen Standpunkt nicht auch verändern kann, ist Gefahr im Verzug. Gefährlich wird das deshalb, weil wir Menschen lebendige Wesen sind, und lebendig sein bedeutet, in Bewegung sein, nicht nur körperlich, auch seelisch und geistig.

Ach ja, und ein Punkt ist ein Punkt und ein Standpunkt ein Standpunkt. Unser Leben besteht aus einer Vielzahl von Punkten, Augenblicken, Ereignissen. Ein Standpunkt lässt sich auch nicht beliebig ausdehnen, denn dann ist er kein Punkt mehr, sondern wird zu einer Linie oder gar zu einem Kreis. Die

Bereitschaft, neue Erfahrungen zu machen, Standpunkte zu ändern, Auffassungen und Meinungen zu befragen, diese Bereitschaft ist Teil unserer menschlichen Lebendigkeit.

Gott begann seinen Weg zu den Menschen in Jesus, mit der dringenden Aufforderung: *„Ändert euch, das Reich Gottes ist nahe. Tut Buße."* So heißt es im Originaltext und das griechische Wort „metanoia" meint Änderung des Sinns. Gott macht uns also Mut, unserer menschlichen Lebendigkeit etwas zuzutrauen. Da Gott uns etwas zutraut, können wir uns noch ein bisschen mehr zutrauen.

Übrig geblieben...

Allein der Herrnhuter Stern am Eingang glänzt noch ein bisschen herüber: vor einem Monat war Weihnachten. Die Krippe aus Bethlehem, die wir geschenkt bekommen haben, steht hier vorne noch. Die Sonntage der Epiphaniaszeit berichten vom öffentlichen Auftreten Jesu. Er tritt in Erscheinung und lässt das Leben der Menschen in einem ganz anderen Licht sehen als dem alltagsüblichen. Im Alltagsüblichen ist viel Gefunzel und oft wenig Erhellendes zu sehen. Manchmal denke ich, wenn der Mensch nur seine eigenen Geschichten hat, gut; damit haben wir alle gut zu tun, wir sind in die Jahre gekommen und haben viel erlebt und viel gesehen, aber wenn es nur unsere eigenen Geschichten sind und im Höchstfall die Geschichten von ein paar anderen und wenn die Geschichten der Bibel darin nicht mehr zu Gehör kämen in unserem Leben, würde das bedeuten, dass der Tellerrand unseres Lebens das Ende der Welt ist. Das Leben ist mehr, als das, was gerade vor Augen ist, das wissen wir, da gab es schon ganz anderes, und wir ahnen es, denn morgen oder übermorgen kommt vielleicht noch etwas ganz Neues. Das Leben ist mehr als der Augenblick. Die erlebten Augenblicke sind das Leben, die noch nicht erlebten nicht. Was unser Leben ist und einmal gewesen sein wird, stellen wir erst fest, wenn wir es selber nicht mehr feststellen können. Erst, wenn der letzte Atemzug getan ist, steht fest, was das Leben von mir war, vom ersten bis zum letzten Augenblick. Wenn also in das Alltagsübliche nicht doch noch einmal Erhellendes von ganz anderer Seite kommen würde, vielleicht durch eine neue Erkenntnis, durch eine neue Erfahrung, durch eine neue Begegnung, durch eine Geschichte, die davon erzählt, wie in Jesus Menschen ihr Leben ganz neu erleben und sehen, wenn das nicht wäre, es fehlte etwas. Bei Menschen, die es schwer haben mit dem Glauben und schwer haben mit der Kirche und schwer mit den biblischen Texten – und von ihnen sind mir im Laufe meines Lebens innerhalb und außerhalb der Kirche viele begegnet – bei ihnen bleibt ein Stückchen Sehnsucht danach, es möge etwas kommen, das hilft, Leben zu deuten. Wer sagt mir denn: „Du bist ein Segen und ich segne dich." Wer sagt mir denn:

„Richte deinen Blick auf, erhebe dein Haupt, Hilfe und Erlösung naht." Wer sagt mir denn: „Wenn du im finsteren Tal wanderst, fürchte dich nicht, ich bin mit dir." Wer sagt dir denn: „Das, was nicht fertig geworden ist in deinem Leben, was du gewollt aber nicht erreicht hast, was du dir erträumt hast, aber nicht wahr geworden ist, was du tun wolltest, aber nicht getan hast, war nicht umsonst." Christen sind keine besseren Menschen, aber sie sind besser dran, als viele Menschen, weil ihnen von dem Gott erzählt wird, der jetzt schon vertrauenswürdig und glaubwürdig ist mitten in ihrem Leben.

Vorgestellt – zurückgestellt

Vorgestellt haben sich nun die Bewerber für meine Nachfolge im Amt des Dompredigers, aber von diesen Vorstellungen ist heute natürlich keine Rede, und die Entscheidung fällt ja sowieso erst in den nächsten Tagen. Vorgestellt – zurückgestellt: Zurückgestellt heißt auch nicht auf Warteschleife gelegt oder zu den Akten befördert, nein „vorgestellt und zurückgestellt" meint in diesem Fall die Zeit. „Man müsste noch mal zwanzig sein", haben früher viele gesungen, „und so verliebt wie damals", na hoffentlich war es das dann auch. *„Die Zeit eilt, teilt, heilt"* sagt ein altes Sprichwort, hoffentlich tut sie es dann auch. Die Zeit anhalten zu können in Momenten des Glücks und in

Augenblicken der Zufriedenheit, wer hat das nicht schon mal gewollt, und doch es bleibt dabei, sie zerrinnt uns unter den Händen.

Vorgestellt – zurückgestellt: Da gibt es eine aktuelle Geschichte von der Studienreise des Doms nach Äthiopien. In Äthiopien gilt der alte Julianische Kalender, der ist unserem Kalender sieben Jahre hinterher. So mussten wir also nicht nur die Uhren stellen, sondern wir waren plötzlich, die Reisegruppe und ich, 14 Tage lang sieben Jahre jünger und bei der Rückreise dann natürlich auf einmal wieder sieben Jahre älter. In Beidem waren wir es, um die es ging. Nun ehrlich und Hand aufs Herz: Was war vor sieben Jahren, und war das, was vor sieben Jahren war, so gut, dass es noch einmal erlebt werden möchte? Ist es nicht so, dass das Heute die Bewährungsprobe für uns und unser Leben ist? Nicht die Prognosen und die Perspektiven, nicht die Wünsche und die Träume, nicht die Erinnerungen und die Enttäuschungen – der Moment, dieser Augenblick, dieser Tag – das zählt. Womit füllen wir diese Zeit? Und abends, wenn wir mit dem Abendgebet den Tag beschließen und ihn noch einmal Revue passieren lassen, legen wir ihn dann gerne in die Hände dessen, in dessen Hände unsere Lebenszeit insgesamt geborgen ist. *„Meine Zeit steht in deinen Händen"*, sagt der Psalmbeter in Psalm 37. Vorgestellt – zurückgestellt: Wichtig ist, dass ich jetzt in diesem Augenblick in Gottes Nähe bin und mein Leben in Verantwortung vor ihm lebe.

Haltung bewahren!

Haltung bewahren ist wahrlich nicht nur eine sportliche Aufforderung der Kategorie Leibesübungen und Körperhaltung. Haltung bewahren meint auch, Ehrlichkeit und Gradlinigkeit im Denken, Reden und Tun des Menschen. Haltung bewahren heißt, nicht zum Wattebausch zu werden, der heute hierhin und morgen dahin gepustet wird. Haltung bewahren heißt, Erkenntnis, Weisheit und Klugheit einzusetzen, um erkennbar zu sein. Diese Form von Autorität ist das Gegenstück von autoritärem Getue, Machogehabe, So-tun-als-ob-Einstellungen. Haltung bewahren bedeutet auch, Enttäuschungen und Misserfolgen nicht so auf den Leim zu gehen, dass daraus Handlungsunfähigkeit bis zur Unkenntlichkeit wird.

Der Apostel Paulus hat im Brief an die Korinther geschrieben: *„Es bleiben aber Glaube, Hoffnung, Liebe, diese drei; und die Liebe ist die größte unter ihnen."* Er schreibt das angesichts dessen, dass alles in unserem Leben ein Ende hat und alles einmal vergeht; da spricht er von dem, was bleibt. Wer in der Liebe bleibt, wer am Glauben festhält, wer auf Gott seine Hoffnung setzt, dessen Lebenshaltung ist erkennbar über den punktuellen Augenblick hinaus. Haltung bewahren – „Glaube, Hoffnung, Liebe, diese drei".

Geschichte aus 1000 Jahren an diesem Ort

In diesen Tagen traf sich die DomführerGilde zu ihrem regelmäßigen Treffen. Die nahezu dreißig Damen und Herren, die sich dort seit vielen Jahren engagieren, haben, weil es mein Abschiedsbesuch war, eine Art Bestandsaufnahme gemacht. Was ist das für eine großartige Geschichte, die uns da gelungen ist, vor etwas mehr als zehn Jahren Menschen dafür zu begeistern, einen Teil ihrer Zeit zur Verfügung zu stellen, um anderen diesen wunderbaren Dom und seine Geschichte näherzubringen. DomführerGilde – die Dolmetscher eines alten Gebäudes und seiner Geschichte; DomführerGilde – engagierte Menschen, die mit eigener Arbeit und eigenen Nach-forschungen Licht in viele Kapitel der über 800 Jahre alten Geschichte bringen. Es dauert nicht mehr lange, die Jahre ziehen dahin, dann wird hier das 1000jährige Jubiläum der Gründung des Blasiusstiftes durch die brunonische Markgräfin Gertrud gefeiert werden. 1000 Jahre, das heißt: 1000 Jahre wird hier das Vaterunser gebetet, 1000 Jahre wird hier das Evangelium gelesen und verkündet, Eucharistie, das Heilige Abendmahl, gefeiert, 1000 Jahre an diesem Ort hier mitten im Herzen unserer Stadt. Wie gut ist es, dass auch die Zeit zwischen 1935 und 1945 mit ihrer nationalsozialistischen Okkupation des Domes aufs Ganze gesehen dagegen nichts ausgerichtet hat. Es ist schlimm genug, dass Menschen sich dieses Erbes bemächtig haben, um es in ihren verdrehten und verrückten Gedankenwelten mit

Botschaften zu verknüpfen, die mit dem Evangelium von Jesus Christus und dem Gott, der den Menschen auf Erden Frieden zusagt, nichts zu tun hat. Es ist gut, dass wir heute unbehelligt hier sitzen können, unseren Gedanken freien Lauf lassen können und froh und dankbar sein dürfen für diesen Ort mitten im Herzen unserer Stadt, der auch einen Platz gefunden hat in vielen Herzen der Menschen, die hier ein und aus gehen.

„Gott segne ihren Ausgang und Eingang von nun an bis in Ewigkeit."

Cornelia Götz zur Dompredigerin berufen...

Die Entscheidung ist gefallen – nun steht also fest, wer mir zur Mitte des Jahres im Amt des Dompredigers nachfolgen wird. Jetzt ist es an uns zu beten und um Kraft und Segen zu bitten. Es ist gut, dass an solcher Stelle diejenigen, die hier Verantwortung tragen, nun auch eine verantwortliche Entscheidung getroffen haben. Es ist deswegen gut, weil es eine Garantie dafür ist, dass dieser Ort auch weiter ein Ort der Begegnung Gottes mit den Menschen sein wird. Es ist gut, dass es Menschen gibt, die hier die Türen öffnen, die dafür sorgen, dass Gottes Haus mitten in der Stadt, mitten in dieser Region offen ist, offen für die Mühseligen und die Beladenen, offen für die Liebenden und die Hoffenden. Es ist offen für diejenigen, die zum Klagen kommen und Tränen in den Augen haben; offen ist es für die, die ihrer Freude hier Ausdruck verleihen und offen ist es für jene, denen dieser Ort lieb und wert ist. Das soll auch so bleiben, allen Veränderungen zum Trotz. Hier geht es immer um den Dom und die Menschen, die hier in den Jahrhunderten gearbeitet und ihren Dienst getan haben, wissend, dass sie den wichtigen Staffelstab übernehmen und weitergeben. Natürlich, kritische Begleitung ist immer wichtig, aber Mithilfe und Mittun ebenso, und dies ist ein Haus des Gebetes; das Gebet für diejenigen, die hier Verantwortung tragen, sollte dabei nicht fehlen. Hier kommen Menschen zusammen, um für das Wohl und das Heil von Stadt und Land zu beten, für Frieden unter den Völkern und Nationen in Syrien, in Afghanistan, in Zentralafrika. Hier kommen Menschen zusammen und danken dafür, dass sie hier friedliche Zeiten erleben dürfen, dass es Brot und Wasser gibt und vieles mehr. „Herr, ich habe lieb die Stätte deines Hauses, die Stätte da die Ehre deines Namens wohnt."

Kann es einen Frühling ohne Winter geben?

Liegt das nicht in der Natur der Sache, dass vier Jahreszeiten nur komplett sind, wenn jede zu ihrem Recht und zu ihrer Zeit kommt?

Frühling, wenn vorher auch schon (fast) Frühling war?

Winter ohne Schnee ist blöd, hat neulich ein Mädchen festgestellt und stand traurig neben seinem Schlitten.

Nun, wir lernen zum wiederholten Mal: Die Natur lässt sich nicht spotten; sie lässt sich weder von langjährigen Mittelwerten auf menschlich verordnetes Mittelmaß begrenzen, – noch lässt sie sich von bezahlten meteorologischen Wetterfröschen verordnen, wie sie sich gefälligst zu verhalten habe!

Natur ist und bleibt Natur, und ihre Gesetze sind nicht von Menschen gemacht. Naturwissenschaft ist im Ernst die Wissenschaft, die der Natur ihre Natur abschaut und daraus Lehren zieht. Naturwissenschaft schafft nicht Natur mit ihrem Wissen.

Wir leben von Voraussetzungen, die wir nicht selbst geschaffen haben; vergessen wir das nie. Und wir sind und bleiben naturabhängig; gibt die Erde kein tägliches Brot und trinkbares Wasser, saubere Atemluft und Sonnenwärme mehr, dann ist der Mensch arm dran.

Ich bin ja so gespannt auf den Frühling 2014...

Aller guten Dinge sind zwölf

Zwölf Sonntagspredigten wird es, so Gott will und ich lebe, von mir im Dom noch geben. Es ist gut, sich das rechtzeitig klar zu machen und nicht so zu tun, als ob irgendwann, irgendwo, irgendwem nirgendwo so etwas widerfährt. Nein, es ist absehbar, und es ist gut so, dass es absehbar ist. Viele von Ihnen wissen, dass der alttestamentliche Prediger Salomo *Kohelet* zu meinen Lieblingsschriften im Alten Testament gehört. Dieses kleine, aber voll gebündelter, dicker, kluger Weisheit steckende Büchlein hat im dritten Kapitel literarisch wunderbar aufbereitet, wie es ist mit uns und wie es mit unserem Leben steht: *„Alles hat seine Zeit und alles Tun unter dem Himmel hat seine Stunde. Geboren werden hat seine Zeit und Sterben hat seine Zeit."* Dazwischen, zwischen geboren werden und sterben, liegt all das, was seine Zeit hat, seine Zeit gehabt hat, seine Zeit haben wird. Das ist so und gehört zu den Grundkoordinaten unseres Lebens. Wir haben allerlei Techniken, Mechanismen und Automatismen entwickelt, um uns dieser Erkenntnis oft genug zu verschließen. Wir tun so, als seien wir für die Ewigkeit zuständig, dabei haben wir schon Probleme genug, mit der Zeitlichkeit fertig zu werden. Überlassen wir also die Ewigkeit dem, der ewig ist von Ewigkeit zu Ewigkeit. Dieses Attribut kommt Gott zu, Gott allein; auch davon weiß der Prediger Salomo zu berichten. Füllen wir die Stunden und Tage, die uns bleiben; bleiben wir uns in Wertschätzung, Achtung und Respekt verbunden.

Albert Schweitzer, dem wir im vergangenen Jahr hier im Dom anlässlich des Jubiläums seines Hospitals in Lambarene viel Aufmerksamkeit gewidmet haben, hat den Ausdruck von der *Ehrfurcht vor dem Leben* geprägt. Davon braucht unsere

Gesellschaft, die Gesellschaft unserer Tage, wieder ein gerüttelt Maß. Wir leisten uns zu viel Schaden an Leib und Seele vieler Menschen, viel zu vieler Menschen; das ist und bleibt auch eine der wichtigsten Aufgaben der Kirche Jesu Christi. Ehrfurcht vor dem Leben, das ist unser Thema, denn dieses Leben ist Gottes Schöpfung und nicht menschlich fabriziert in Laboren oder durch Verleihung von Mutterkreuzen oder Kinderprämien. Die Kostbarkeit des Lebens ist die Messlatte, so soll es bleiben. Wie nun auch immer, in welcher Form und Art und Weise – aber eines ist klar: Das Evangelium von Jesus Christus, diese die Menschen froh und mutig machende Botschaft, wird auch weiter in diesem Hause wohnen.

Fasten – nicht diäten

Auch wenn der Karneval noch groß raus kommt in den nächsten Tagen, die Fastenzeit steht vor der Tür, ab Aschermittwoch bis Karfreitag. Werden Sie sich in irgendeiner Weise daran orientieren, spielt Fasten für Sie eine Rolle? Bekanntermaßen bin ich gerade mit einer Studienreisegruppe aus Äthiopien zurückgekommen; die Christen dort kennen im Jahr einhundertdreiundfünfzig Fastentage. Das bedeutet jede Woche zwei, Mittwoch und Freitag keine tierischen Produkte. Unser äthiopischer Reiseführer ist ein gläubiger orthodoxer Christ. Er verneigt sich, wenn wir mit dem Bus an einer Kirche vorbeifahren, er fastet zweimal in der Woche und die freundlich gemeinte Aufforderung, wenn man mit einer netten Reisegruppe zusammensitzt, könne man doch mal verzichten, beantwortet er mit einem verständnisvollen Lächeln, nein danke. Fasten nicht als Brigitte-Diät oder neuesten Tipps aus der Hörzu folgend, Fasten als eine Grundeinstellung des Menschen, seine alltägliche Wirklichkeit von weniger Wichtigem zu säubern und zu reinigen. Fastenzeit, um sich zu konzentrieren auf das Verhältnis zum Schöpfer; Fastenzeit, um zweimal in der Woche daran zu erinnern, was die Geschichte um Jesus von Nazareth für uns bedeutet.

In der Evangelischen Kirche gibt es seit vielen Jahrzehnten eine Fastenaktion unter der Überschrift „Sieben Wochen ohne." Dreimillionen Menschen beteiligen sich freiwillig daran, das hätten wir, die wir das mal vor langer Zeit uns überlegt hatten, niemals gedacht; denn der Fastengedanke war bei uns völlig verschwunden. Die, die bei uns den Karneval beheimatet haben, sind ja nicht dafür bekannt, dass sie den Gedanken des anschließenden Fastens in der mit Aschermittwoch beginnenden Fastenzeit nun auch besonders befolgen würden. Das ist eben so, wenn man nicht mehr weiß: Was ist die Ursache dafür, denn das alte Motto „Am Aschermittwoch ist alles vorbei" ist ja nur die halbe Wahrheit. Mit Aschermittwoch fängt eben eine andere Seite des Lebens an in den Mittelpunkt zu rücken. Wir sind im

Alltag unseres Lebens immer wieder gut beraten, uns nicht von einer Sache völlig vereinnahmen zu lassen oder uns gar von einer Sache ins Bockshorn jagen zu lassen. Unser Leben ist ein ständiger Versuch, im Lot zu sein zwischen den unterschiedlichen Seiten unseres Lebens. Die biblische Aufforderung „Tut Buße" ist eine freundliche, dringliche Aufforderung zur Umkehr, in Gedanken, in Worten, in Taten.

Tut Buße

„Tut Buße, das Himmelreich ist nahe", so beginnen die Texte des Neuen Testaments. Das sind die ersten Aussagen im Zusammenhang mit Johannes dem Täufer, übrigens einem unserer drei Schutzpatrone hier im Dom. Seine Figur steht oben im Hohen Chor. *„Tut Buße"*, heißt nicht, sich die Kleider vom Leib zu reißen und Asche auf das Haupt zu schütten; solche symbolischen Dinge haben ihren Wert, keine Frage, aber gemeint ist hier etwas Anderes. Gemeint ist hier eine kritische Bestandsaufnahme von sich selbst. Die Masken herunter, der Wirklichkeit ins Gesicht schauen, offen und ehrlich im Angesicht und in der Verantwortung vor Gott – und nur ihm gegenüber geht es wirklich offen und ehrlich – ohne Maskerade und Schauspielerei, *denn er kennt auch mich und hat mich lieb.* Er verdammt mich nicht, er schickt mich nicht auf ewig ins

Verderben, sondern er geht mir nach, wie der gute Hirte einem Schaf nachgeht, das verloren zu gehen droht. *„Tut Buße"*, guckt auf euch, und dort, wo etwas nicht in Ordnung ist, ändert es. Ihr habt die Möglichkeit dazu, ihr habt die Möglichkeit, es anders zu machen, nicht die stereotypen Dummheiten ständig zu wiederholen, sondern noch einmal neu nachzudenken. Nicht zu sitzen und zu warten bis der oder die Andere den ersten Schritt macht, sondern selber den Mut zu haben, auf einen Menschen zuzugehen, mit dem es schon lange nicht mehr gut ist. Dieses, wie wir sagen, Über-den-eigenen-Schatten-Springen, was natürlich die Unmöglichkeit beschreibt, wandelt sich bei einer Bestandsaufnahme des eigenen Lebens vor Gott zu einer Chance. Ich kann den ersten Schritt wagen, ich kann die Hand ausstrecken, ich kann ein Wort der Versöhnung und der Vergebung sagen, es ist möglich. Wir sind nicht behaftet mit dem von gestern, wir sind nicht verhaftet, dass es so bleiben muss, wie es war. Jeder neue Tag ist auch die Chance für etwas Neues in unserem Leben. Natürlich, wir mit unserer langen Lebenserfahrung, mit unseren Erfolgen und mit unseren Niederlagen, wir sind skeptisch geworden und manchmal auch verhärtet und vergrämt, aber im Angesicht Gottes ist das Leben erst dann nicht mehr änderbar, wenn es am Ende ist. *„Tut Buße, kehrt um"*, was für eine Chance!

Gemeinsam-Preis

Heute hat sich im Pressehaus der Braunschweiger Zeitung die Jury getroffen, die sich mit dem Gemeinsam-Preis der BZ und des Doms beschäftigt. Der Aufruf vor einigen Wochen hat ein großes Echo gefunden. Weit über 70 Vorschläge sind eingereicht worden: Alles Menschen, die sich in ihrer Freizeit engagieren, indem sie von ihrer Zeit geben, um anderen beizustehen, zur Seite zu stehen, zu helfen, um für das Gemeinsame, für die Gemeinschaft etwas Gutes zu tun.

In unserer Welt, in der so viel über Misslungenes, Zerstörendes, Kaputtes geredet, gesendet, geschrieben wird, wo wir tagaus, tagein von Katastrophen und Terror, von Krieg und Unterdrückung, von Korruption und Missbrauch hören, tut es wahrlich gut, von dem zu hören, was dem guten Leben und dem guten Zusammenleben dient. Wenn das nicht mehr vorkommt, wenn das hinter den Schlagzeilen der Schläger, der Terroristen, der Kriegstreiber, der Missbraucher zurückbleibt, dann dürfen wir uns nicht wundern, wenn der Eindruck sich verstärkt, diese Erde sei nicht mehr zu retten, weil die Menschen sich dem Bösen, dem Zerstörerischen oder – wie die Alten sagten – den teuflischen Mächten verschrieben haben.

Gut, dass vor über 10 Jahren die Braunschweiger Zeitung in Zusammenarbeit mit dem Dom dieses Projekt des Gemeinsam-Preises aus der Taufe gehoben hat. Am Schluss meiner aktiven Zeit hier empfinde ich dieses Projekt als ein ausgesprochen

Erfolgreiches und Zufriedenstellendes. Es ist uns wunderbar gelungen, Menschen zu würdigen, weil sie sich mit dem Vorfindlichen nicht einfach abfinden; und natürlich ist bei aller Würdigung die Frage, „Wieso sind es eigentlich nicht noch mehr? Wieso sitzen eigentlich Tausende, Hunderttausende in ihren eigenen vier Wänden rum wie festgemauert und eingemauert? Wieso kommen sie nicht auf die Idee sich zu engagieren, egal wo und wieviel und womit? Wieso eigentlich nicht?" Das „Zusammen" ist unsere Probe, die Probe aufs Exempel.

Wir haben jetzt seit zweitausend Jahren die weihnachtliche Botschaft gehört: Von der Ehre, die Gott gebührt, dem Schöpfer des Lebens und dem Frieden auf Erden, der möglich ist unter den Menschen, die doch eigentlich sein Wohlgefallen sind. Und was haben wir erreicht bei diesem Frieden auf Erden, in unseren Herzen, in unseren Gedanken. Ist da Frieden in unseren Wohnungen, in unseren Häusern, in unseren Fernsehapparaten, in unseren Zeitungen, in unserem Reden: Ist da Frieden?

Der Gemeinsam-Preis, der am 2. Juni hier im Dom verliehen wird, ist ein wunderbarer Beitrag. Sie können ja mit abstimmen, wem sie diesen Preis verleihen möchten; machen sie davon Gebrauch.

Karneval

An diesem Wochenende erreicht auch in Braunschweig der Karneval, die Fastnacht, ihren Höhepunkt. „Schoduvel" heißt das bei uns mit einem mittelalterlichen Begriff. Viele sind engagiert, viele machen mit, für viele ist es ein Höhepunkt im Jahr. Wollen wir wünschen, dass sie sich von Herzen freuen, dass es ihnen Spaß macht, ohne auf anderen rumzutrampeln oder sie zu verletzen, und wollen wir hoffen, dass alle behütet und bewahrt sind. Sich verkleiden kann Spaß machen, weckt Fantasie, ist ein Rollenwechsel: Mal was sein, was man sonst nicht ist, sich mal so geben, wie es sonst vielleicht nicht geht. Für das wirkliche Leben taugt Maskerade eher nicht, da laufen mir viel zu viele Menschen mit Masken rum, denen sieht man keine Regungen an. Ich weiß wohl aus langer seelsorgerlicher Erfahrung, dass manche Menschen auch eine Maske als Schutz brauchen, sie sind verletzt und verletzlich und möchten sich schützen. Aber eigentlich möchte man dem Gesicht eines anderen Menschen doch ansehen, was es erzählt, denn die Lebensgeschichte eines Menschen bildet sich auch im Gesicht eines jeden Menschens ab. Ich weiß nicht, wie es ihnen geht, aber den permanenten Sonnenbrillenträgern gegenüber habe ich immer ein komisches Gefühl, ich kann ihre Augen nicht sehen. Ich kann nicht erkennen, wie sie auf etwas reagieren, ob die Augen traurig aussehen oder fröhlich, wohin sie schauen. Deswegen finde ich Masken beim Maskenball und im Karneval schön, im Leben überhaupt gar nicht. „Von Angesicht zu Angesicht", das würde uns auch im Alltag unseres Lebens manchmal helfen, Probleme zu lösen. Nicht vermittelt durch ein Medium, den PC oder Telefon oder Fernsehen oder auch einen Brief, nein, manchmal ist es wichtig, von Angesicht zu Angesicht einander ins Gesicht zu sehen. Gott schuf den Menschen nach seinem Bilde, nach seinem Bilde schuf er ihn, ein Bild aus Gottes Hand, und das wird deutlich, wenn wir einander ansehen, daraus erwächst das Ansehen einer Person.

...auf der Lebensbahn

Sende dein Licht und deine Wahrheit dass sie mich leiten zu deiner Wohnung und ich dir danke, dass du mir hilfst.
(Psalm 43, 3 und 4)

Wohin geht die Reise? Ich meine nicht die, die Sie im Reisebüro oder beim Busveranstalter oder im Internet gebucht haben. Ich meine auch nicht die tägliche Reise von der Wohnung jetzt hier in den Dom und wieder zurück – es gibt ja kleine und große Reisen bekanntermaßen – nein, ich meine unsere Lebensreise, also dieses „Unterwegs sein" zwischen der Geburt und dem Tod. Wohin geht die Reise, was ist das Ziel? Manche, die sich über das Ziel nicht so recht einig sind, sagen uns ja, in der Zwischenzeit sei das Ziel, auf dem Weg zu sein, schon Ziel genug. Ja, nicht stehenzubleiben, sondern weiterzugehen und sich zu bewegen, das ist sicher schon ein richtiges Bild, vor allen Dingen dann, wenn es um den Stillstand in Gedanken, Worten und Taten geht. Bewegung gehört nicht nur ins Fitness-Studio, Bewegung ist eine existentielle Grundvoraussetzung für Leben überhaupt: Wenn es sich nicht bewegt, entwickelt es sich nicht; wenn es sich nicht bewegt, dann ist es tot.

Aber bei aller Bewegung, mit Verlaub, wohin soll es denn gehen? Natürlich, von A nach B und dann von B nach C oder auch wieder zurück, je nachdem, das ist schon klar; aber wohin denn nun insgesamt, was ist der Sinn des Ganzen, wo ist denn alles Mühen und Wagen, Versuchen und Hoffen, Enttäuscht werden und Kraftlos-sein aufgehoben? Der Psalmbeter jedenfalls bittet um Licht der Erkenntnis und Wahrheit in der Zielrichtung. Und das Ziel formuliert er mit: "Zu deiner Wohnung."

Für den Psalmbeter war die Wohnung natürlich zunächst der Tempel in Jerusalem. Dort fühlten sich die alten Israeliten Gott besonders nahe, dort trafen sie sich, um ihm Dankopfer und Bittopfer zu bringen und für den Weg um Segen zu bitten. Ihre alten Worte, ihre alten Texte sind für uns von großer Bedeutung; sie sind ein Teil unserer Heiligen Schrift. Aber aus dem einen Tempel sind die vielen Gotteshäuser geworden rund um die Erde; manche sagen, es sind in der Zwischenzeit viel zu viele, in die kaum noch jemand hineingeht; aber Gotteshäuser, die macht man nicht auf und schließt sie wieder zu oder verkauft sie je nach momentaner finanzieller Gemengelage.

Gottes Wohnung unter den Menschen ist nicht an steinerne Häuser gebunden, das ist wohl wahr. Das Entscheidende ist, dass **Gott** Wohnung nimmt in unseren Herzen und Gedanken und trotzdem ist es gut, wenn es Orte mitten im Alltag des Lebens gibt, die anders sind als die anderen Orte.

„Sende dein Licht und deine Wahrheit, dass sie mich leiten."
Gottes Wort als Orientierungsfaden, denn das ist unsere Überzeugung: Denn mit dem Tod eines Menschen ist nicht alles aus und vorbei. Gott wird uns auch einen Ostermorgen bereiten, wie immer das sein wird.

Das ist meine Hoffnung, und das ist mein Gebet, dass ich bei ihm aufgehoben bin in Zeit und in Ewigkeit.

All Morgen ist ganz frisch und neu

Am Nachmittag nochmal einen Morgenchoral zu hören ist mutig und risikoreich zugleich. Wir haben die Melodie von dem schönen Choral gehört „All Morgen ist ganz frisch und neu", – wie war's denn heute Morgen bei Ihnen?

Frisch und neu in Geist und Sinn und mit neuen körperlichen Kräften, tatenfroh? Oder war es doch wieder einer von diesen Morgen nach durchwachter Nacht, vielleicht auch sogar durchweinter Nacht?

Unser Leben hält ja von allem ein gerüttelt Maß bereit; die Erfahrungen unserer Abende, Nächte und Morgen sind ja vielfältig, wie sie nicht facettenreicher sein könnten. Also nochmal kurz erinnert: Wie war's denn heute Morgen? Das ist die eine Möglichkeit, „All Morgen ist ganz frisch und neu" zum Anlass einer Rückbesinnung zu nehmen; der Choral selber zielt in eine ganz andere Richtung: „All Morgen ist ganz frisch und neu des Herren Gnad und große Treu".

Von Gott ist die Rede, von seiner Frische und dem Neuen, die er uns mit einem neuen Tag bereitet. Natürlich, es wird Ihnen nicht viel anders gehen als mir, unsere Tage weisen eine starke Planungsstruktur auf. Gerade wer berufstätig ist, weiß genau, wann was dran ist, aber auch andere geben ihrem Tag eine Struktur. Ist da Platz für das, was von Gott neu und frisch auf Geist und Sinne zukommt? Und jetzt, wo es auf den Abend zugeht, wollen wir ruhig noch ein Stück weiterhören, wie der Choral es meint: „All Morgen ist ganz frisch und neu des Herren Gnad und große Treu, sie hat kein End den langen Tag, drauf jeder sich verlassen mag."

Da ist von Gnade und Treue Gottes die Rede uns gegenüber, er ist uns gegenüber treu, er steht zu seinem Wort: „Ich kenne dich, und ich habe dich lieb. Du sollst aus meiner Gnade leben, du musst mich nicht verdienen und erarbeiten. Bevor du die Augen aufmachst, bin ich schon da."

Und das gilt den ganzen Tag über bis zum Abend und auch in der

kommenden Nacht: Da ist einer, der über uns wacht.
Dieses Grundvertrauen in Gottes Güte und Gnade wollen wir uns am Montag einer neuen Woche stärken lassen.

Was für ein Tag, dieser 11. März?

„Sie haben mich in ein Tal der Verlorenen geschickt", sagt die Mutter von Isabella; Isabella ist dem verheerenden Bombenattentat am Bahnhof Atocha in Madrid zum Opfer gefallen wie mehrere Hundert unschuldige Menschen auch. Der König und die Königin stehen heute in der Kathedrale von Madrid mit versteinerter Miene. Das Attentat jährt sich zum zehnten Mal. Vor fünf Jahren rennt ein Amokschütze durch das Gymnasium in Winnenden in Baden-Württemberg und schießt um sich auf Lehrer und Schüler, flieht und schießt und erschießt sich selbst. Bilder dazu stehen im Internet; heute läuten zur Zeit des ersten Hilferufs die Kirchenglocken – das Ereignis war vor fünf Jahren am 11. März.
In Japan spricht der Kaiser mit leiser stockender Stimme, das ganze japanische Volk erinnert sich an den Tsunami und die Atomkatastrophe von Fukushima, das ist heute vor drei Jahren gewesen.
Unser Kurzzeitgedächtnis ist nicht das Beste; unsere Erinnerungslücken sind groß, Tagesaktuelles von der Krim, von

Hoeneß oder auch nur vom Autounfall um die Ecke beschäftigt uns. Ich erinnere daran, dass wir hier im Dom sowohl vor zehn Jahren, wie vor fünf, wie vor drei in den Andachten der Opfer gedacht haben – und immer wieder treibt uns die Frage um: „Was ist der Mensch, der zu viel Gutem und zu soviel Hässlichem in der Lage ist? Was ist der Mensch, dass aller Fortschritt, alle Erziehung, alle Wertevermittlung, alle Erfahrungen es nicht vermögen, sichtbare Besserung zu erreichen?" Da bekommt der Wunsch „Gute Besserung" ja noch mal eine ganz andere Bedeutung. Und dass Gottes Geduldsfaden immer noch nicht gerissen ist, obgleich vor 2000 Jahren in Bethlehems Stall vom ‚Frieden auf Erden' gesungen wurde, dass ist vielleicht unsere einzige Hoffnung.

Fast 2800 „Worte zum Alltag"

Ja, es ist wahr: Fast 2800 „Worte zum Alltag" gibt es in der Zwischenzeit von mir.

Ist nicht eigentlich alles gesagt, ist nicht an vielen Stellen viel zu viel gesagt, habe ich den Mund nicht an vielen Stellen viel zu voll genommen, war ich nicht an vielen Stellen viel zu frech oder gar vorlaut? Hatte das wirklich alles Herz und Verstand; und bin ich bei der Wahrheit geblieben?

Wer viel redet, geht ein hohes Risiko ein. Sie kennen das alte

Sprichwort: „Reden ist Silber, Schweigen ist Gold."

Stellen Sie sich einmal vor, Sie sind nur von schweigenden Menschen umgeben. Und stellen Sie sich einmal vor, da ist niemand mehr, der ein freundliches Wort bereithält. Stellen Sie sich einmal vor, es würde in dieser Welt von allem Möglichen geredet, aber nicht mehr von Gottes Liebe? So lange diese Erde steht, muss das Evangelium von Jesus Christus laut werden. Es ist eine frohe Botschaft; es ist die Botschaft, dass Nichts und Niemand auf dieser Welt vergeblich und umsonst das Leben lebt. Es ist die Botschaft, dass wir am Ende unseres irdischen Lebens nicht im Nichts und im Nirgendwo verschwinden, wohin unsere Asche auch immer verstreut werden sollte.

Eigentlich sind wir von Erde genommen und werden wieder zu Erde, sagt die Bibel, die die beiden ersten Menschen Adam und Eva eben genau danach benennt Menschlinge, Erdlinge sind es. Dieses Evangelium ist es wert, auch im Alltag der Menschen immer wieder genannt zu werden. Darum ist und bleibt es eine großartige Sache, dass im Braunschweiger Dom jeden Tag, montags bis freitags um 17:00 Uhr, sonnabends um 12:00 Uhr, sonntags um 10:00 Uhr und oft auch nachmittags um 17:00 Uhr, das Wort Gottes genannt wird, er in Erinnerung gerufen wird – und noch dazu mit klingender Musik und diesem wunderbaren Raum Zeugnis ablegt wird, dass Gott mitten in dieser Welt ist.

In einem Choral unseres Gesangbuches heißt es: „Ach, lass dein Wort recht schnelle laufen, es sei kein Ort ohne dessen Glanz und Schein."

Es ist ein hilfreiches Wort der Orientierung, eine Quelle der Kraft und Inspiration.

Gott mitten unter uns, nicht in fernen Himmelshöhen, nicht in Anonymität, sondern in Jesus Christus Mensch geworden im Stall von Bethlehem und ans Kreuz gegangen vor den Toren Jerusalems und am dritten Tage auferstanden von den Toten - das ist unsere Hoffnung.

Gerechtigkeit Gottes

Jesus sprach: „Sollte Gott nicht Recht schaffen seinen Auserwählten, die zu ihm Tag und Nacht rufen? Und sollte er es bei ihnen lange hinziehen? Ich sage euch: Er wird ihnen Recht schaffen in Kürze." (Lukas 18, 7+8)

Das ist das Bibelwort an diesem Tag. Es spricht von Gottes Gerechtigkeit, die höher ist als menschliche Gerechtigkeit, von der wir alle wissen, dass sie lässlich ist.

Wer hat schon das Gefühl, immer recht und richtig behandelt zu werden? Schauen Sie unsere Gerichte an, wie viel Rechtsstreit und Rechtshändel es da gibt; manche Gerichte sind so voll gepackt mit Verfahren, dass sie kaum noch nachkommen. Der Mensch und sein Recht. Und was ist mit denen, denen das Recht vorenthalten wird, denen es genommen wird, denen die

Menschenrechte aberkannt werden, weggenommen werden, die das Recht auf tägliches Brot und sauberes Wasser und saubere Luft nicht einfordern und einlösen können, weil es ihnen von anderen vorenthalten wird?

Stellen Sie sich einmal vor, Sie leben in einer Gegend, wo die saubere Luft, die Sie zum Atmen und zum Leben brauchen, so verdreckt ist, dass es nicht mehr geht, es mit hohen Risiken verbunden ist; solche Beispiel gibt es ja längst nicht nur in China. Wie ist das eigentlich, wenn diese Rechte einem vorenthalten werden, weil andere ihre Rechte so extensiv und militant wahrnehmen und ausbreiten ohne Rücksicht auf Verluste? Denn die dreckige Luft fällt ja nicht vom Himmel, sie ist ja produziert; Sauerstoff und frische Luft sind Schöpfungsgaben, dreckige Luft mit Rußpartikeln und ungefiltertem Dreck sind Menschenprodukte.

Wir wissen das alles wohl, aber wir tun nichts dagegen, weil die Lobby derer, die davon profitieren, so stark ist, dass sie weiter in die Luft pusten dürfen, was immer sie wollen. Was ist mit diesen Rechten, und was ist mit den Menschen, die darunter zu leiden haben, und wer tritt für ihre Rechte ein?

Und die Kinder, die in den Weiten Afrikas oder Asiens oder Lateinamerikas verhungern, weil man ihnen das Recht, täglich etwas zu essen und etwas zu trinken haben, vorenthält; was ist mit ihnen? Sind das alles zusammen Zukurzgekommene wie die in jungen Jahren im Ersten Weltkrieg auf den Schlachtfeldern in

Flandern oder Nordfrankreich ums Leben kamen, denen man auch ihr Leben vorenthalten hat; sind das die, die Pech gehabt haben, die zu kurz gekommen sind?

An sie denke ich, wenn ich lese, dass Gott Recht schaffen wird seinen Auserwählten. Er wird ihnen Recht schaffen. Und wir als Christen sind gut beraten von Gottes Gerechtigkeit zu sprechen angesichts all der Ungerechtigkeiten.

Das heißt nicht, dass wir uns um menschliche Gerechtigkeit nicht kümmern und mühen sollen, aber es bleiben zu viele auf der Strecke, und die müssen irgendwie und irgendwo zu ihrem Recht kommen; wenn nicht bei Gott, wo denn dann?

Gastfreundschaft

Es sind ökumenische Gäste in unserer Stadt: Aus allen Partnerkirchen unserer Braunschweigischen Landeskirche sind sie gekommen, um mit jungen Menschen, Schülerinnen und Schülern in Goslar das Reformationsjubiläum zu bedenken; um miteinander darüber nachzudenken, wie es denn so steht um das Christsein in ihren jeweiligen Gesellschaften und Ländern. Gäste sind hier aus Japan und Indien, aus Tschechien und Namibia, aus Großbritannien.

Zu vielen dieser ökumenischen Gäste haben auch wir vom Dom Verbindungen, besonders intensiv sind sie zur Diözese

Blackburn, aber auch sonst tut es uns gut, wenn wir den Tellerrand unseres eigenen Lebens nicht mit dem Horizont der Welt und schon gar nicht mit Gottes Horizont verwechseln! Da sind uns unsere Schwestern und Brüder in den anderen Kirchen weltweit auch wichtige Gesprächspartner, Ermutiger und Korrektoren. Sie machen uns auf Dinge aufmerksam, die bei uns verloren zu gehen drohen oder verloren gegangen sind. Und sie fragen uns nach den Antworten des Glaubens in einer ganz modernen Gesellschaft.

Ich freue mich, dass ich viele von ihnen heute Abend treffen werde; es wird ein munterer Gedankenaustausch sein, aber das Entscheidende ist: Wir begegnen einander auf Augenhöhe und in Respekt und mit einem Lächeln im Gesicht, weil wir uns aneinander freuen: Das ist Kirche weltweit. Da treffen sich nicht die Besserwisser, sondern da treffen sich Freunde und Partner, so wünschte man es sich ja eigentlich jenseits dieser Kontakte auch anderswo. Auch unter Gruppen und Gruppierungen, die ganz andere Teile der Gesellschaft repräsentieren.

In Respekt und auf Augenhöhe miteinander umzugehen, das wünschte man sich auch in den Fabriken und Werken, in der Schule, an den Universitäten, in der Politik – eigentlich überall, sogar in der eigenen Familie wünschte man sich das.

Ja, wer möchte denn nicht von seinem Gesprächspartner gern ernst genommen und gleichberechtigt behandelt werden? Von oben herab mit einer satten Portion Arroganz, darauf können wir doch alle getrost verzichten. Vor Gott sind alle Menschen gleich, sagt die Bibel. Wenn das so ist, wieso machen wir Menschen eigentlich untereinander so große Unterschiede und trampeln dabei bewusst oder unbewusst auf den Seelen so vieler Menschen herum?

„Bewahre uns Gott, behüte uns Gott, sei mit uns auf unseren Wegen, sei Quelle und Brot in höchster Not, sei um uns mit deinem Segen."

Pensionsalter

Kein Geheimnis: Morgen erreiche ich das Pensionsalter. Und wenn wir nicht in der Zwischenzeit alle ein bisschen länger arbeiten müssten, dann wäre diesen Monat Schluss. Es hat sich allenthalben herumgesprochen, dass ich morgen Geburtstag habe. Ich freue mich, dass es ein Sonntag ist; Sie sind herzlich eingeladen, mit mir Gottesdienst zu feiern, das macht in einer großen Gemeinde immer sehr viel Freude.

Und das mit dem Alter ist ja so eine Sache; darüber zu sinnieren macht eigentlich wenig Sinn. Wir haben das ja alles drauf: „Von ich möchte noch mal 20 sein" bis hin zu: „Man ist so alt, wie man sich fühlt" oder den sarkastischen Aussagen: „So alt wie du aussiehst, kannst du dich gar nicht fühlen" oder: „Sie haben doch ihre Zukunft auch schon hinter sich...".

Der Mensch und die Zeit, der Mensch und das Alter, unsere Geburtstage, die wir feiern, ohne eingedenk zu sein, dass wir eigentlich nur der Vergänglichkeit huldigen. Auf der einen Seite sind wir stolz , dass wir nun 65 oder was weiß ich wie alt geworden sind, auf der anderen Seite blenden wir völlig aus, dass der Rest der uns noch zur Verfügung stehenden Zeit immer geringer wird.

Was also ist zu feiern, was ist zu tun? Der alttestamentliche Prediger Salomo ist mit seinem klassischen Satz auch an dieser Stelle wieder hilfreich: *„Es hat alles seine Zeit, und alles Tun unter dem Himmel hat seine Stunde."* Nichts in diesem Leben wiederholt sich, weil das Leben sich ja nicht wiederholt; wir befinden uns ja nicht in einem Tretrad und sind hier auch nicht der Hamster; wir brauchen auch keine Bewegungstherapie, weil das Leben sich ja alleine bewegt – und zwar vom „Geborenwordensein" zum „Sterbenwerden".

„Lehre uns bedenken, dass wir sterben müssen, auf dass wir klug werden."

Also wir, Sie und ich, wir haben's ja gut. Wir haben noch die Chance, ein bisschen klüger zu werden, denn noch steht ja nicht fest, ob unser Sterben nicht unmittelbar vor der Tür steht. Wir gehen getrost in den nächsten Tag, freuen uns der Dinge; manchmal tun wir überheblich oder selbstverständlich auch so, als sei das selbstverständlich, dass es einen neuen Tag gibt; auch darüber kann man anlässlich eines Geburtstages durchaus noch mal nachdenken. Nun, Geburtstag hat irgendwann, irgendwie, irgendwo immerzu jemand, auch jetzt heute gibt es viele, morgen wird es auch nicht anders sein. Weltweit unter all den Milliarden Menschen wage ich mir nicht vorzustellen: Wenn ich alle einladen würde, die morgen mit mir Geburtstag haben, wohin wir uns dann begeben sollten?

Also, bei aller Wichtigkeit eines Datums für die Biographie: Wir wollen diese Dinge auch ein bisschen relativieren und ihnen damit diesen überhöhten Bedeutungszuwachs beschneiden, als ob es nun was grandios Besonderes wäre; vielleicht ist der 38. Geburtstag oder der 46. oder vielleicht der 19½. ein viel wichtigeres Datum im Leben gewesen als so ein runder oder ein halbrunder Geburtstag.

Im Übrigen darf man in aller Bescheidenheit sich doch darüber freuen, dass jeder neue Tag im Leben ein kleiner, ein winzig kleiner Geburtstag ist.

Das Licht der Sonne zu sehen, die Vogelstimmen zu hören, sich an Farben und Formen zu freuen, dankbar zu sein für liebe Menschen in der Nähe, tägliches Brot und tägliches Wasser zur Verfügung zu haben, durchatmen zu können und sogar zu wissen, dass es einen wunderschönen Dom in Braunschweig gibt, dessen Türen jeden Tag geöffnet sind, um mir auch Schutz, Station auf dem Lebensweg zu sein, das ist doch Grund zu Dankbarkeit und Freude.

Gott sei uns Hilfe und Kraft, er bewahre unseren Frieden in Herzen und Häusern und sei uns zur Seite, heute und morgen.

Dem Vernehmen nach...

"Herr höre meine Worte, merke auf mein Rufen, vernimm mein Schreien, ich will zu dir beten." (Psalm 5, 2 und 3)

Dieses Psalmwort steht über dem 18. März, und wir hören mit Aufmerksamkeit, wie direkt sich der Psalmbeter an Gott wendet. Der Große, der Schöpfer, der Allmächtige, der Himmel und Erde und aller Himmel Himmel geschaffen hat, hat ein offenes Ohr für den Beter, ein offenes Ohr für ihn damals, für Sie hier und für mich.

Ob wir hier die Revolution dieses Gedankens noch erahnen?

Im Alten Orient war das nicht so einfach, mit den Göttern direkt in Kontakt zu kommen, da waren vielerlei Prozeduren nötig; und in der Regel brauchte es einen Priester an einem Opferaltar, der eine Verbindung herstellen konnte, ähnlich wie früher, als es noch kein Mobiltelefon gab oder man keine Selbstwähltelefonanlagen kannte: Da musste man im Amt anrufen, und das Fräulein vom Amt musste eine Verbindung herstellen und musste vermitteln.

Der Psalmbeter braucht keinen Vermittler, er wendet sich an Gott direkt. Was für eine Revolution des theologischen Denkens, was für eine große Gnade, die uns vor allen Dingen noch mal durch Jesus Christus in aller Deutlichkeit ins Stammbuch geschrieben worden ist! Du kannst dich an Gott selber wenden, mach's!

Die Bitte des Psalmbeters ist: Höre mich Herr, wenn ich zu dir rufe, ich bete zu dir, vernimm mein Rufen, vernimm mein

Schreien, ich bitte dich, lass dich anrühren von dem, was mir auf der Seele liegt, was mir auf den Nägeln brennt, was ich anderen und mir selbst und dir schuldig geblieben bin. Ich möchte mit dir darüber reden, weil ich weiß, dass du es gut mit mir meinst.

Was für eine Vertrauensbasis, was für ein wunderbares direktes Verhältnis zwischen dem Schöpfer des Lebens und seinem Geschöpf. Zwischen mir, diesem Winzling unter Milliarden und Abermilliarden von anderen Menschen auf dieser Erde, diesem Winzling im Weltall. Das ist zu hoch für meine Gedanken. Es ist ja kaum zu fassen, kaum zu glauben, aber ich glaube, hilf meinem Unglauben, höre mich Herr, wenn ich mich an dich wende.

Wie du mir, so...?

Sprich nicht: „Wie einer mir tut, so will ich ihm auch tun und einem jeglichen sein Tun vergelten." (Sprüche Salomos 24, 29)

Die Sprüche Salomos im Alten Testament sind eine Sammlung von Erkenntnis, Erfahrung und Weisheit. Wenn Sie so wollen, kann man da sogar die *Moral von der Geschicht* lesen, also die Quintessenz. Ein Weiser schreibt von seinen Bemühungen: Ich habe wirklich alles versucht unter der Sonne. Ich habe überlegt, mir angeschaut, selbst Erfahrungen gesammelt, wie es so zugeht, und wie es so eingerichtet ist, und wie die Naturgesetze und die Lebensbedingungen so sind. Ich habe mich wirklich Tag und Nacht bemüht, und die Moral von dieser Geschichte sind weise Lebenserkenntnisse.

Sprich nicht: „Wie einer mir tut, so will ich ihm auch tun." Das würde bedeuten, dass ich mich vom Tun des anderen völlig abhängig mache und die Freiheit aufgebe, selbst zu entscheiden, wie ich mich wann, wem gegenüber, in welcher Situation verhalte. Diese Erkenntnis könnte man eine „Fastenspeise" nennen. Fasten hat nicht unbedingt etwas mit Essen und Trinken zu tun, das haben wir nun auch verstanden, sondern mit Klärung und Klarheit der Gedanken, mit Erkenntnis der Wahrheit, mit Rückbesinnung auf Wichtiges, mit Schauen auf meinen eigenen Zustand, körperlich wie seelisch. Eine 'Fastenspeise': Tue dem anderen nicht, wie er dir getan hat, sondern gewinne deine eigene Handelsmaxime. Entdecke für dich selbst, was dir wichtig ist und vergiss nicht, Gott spricht: *„Ich bin der Herr, dein Gott. Du sollst nicht andere Götter haben neben mir."*

Verantwortliche Entscheidung eines Christen findet immer in der Verantwortung vor Gott und den uns anvertrauten Menschen statt.

Schuhe putzen

Wie halten Sie's denn mit dem Schuhe putzen? Haben Sie dafür jemanden zur Hand, oder bücken Sie sich noch selbst?

Vorreinigen, eincremen, putzen, glanzpolieren...

Können Sie sich vorstellen, eine Ausbildung als Schuhputzer zu machen, oder wäre das etwa ihr Traumberuf gewesen?

Dass Braunschweigs Domprediger seit Jahren in der Fußgängerzone am Ringerbrunnen Vorbeigehenden anbietet, ihre Schuhe zu putzen – hat sich durch Funk und Fernsehen und Zeitung herumgesprochen.

Zusammen mit einigen Kollegen will er am Gründonnerstag darauf aufmerksam machen, dass in vielen Ländern der Welt Kinder und Jugendliche die Schuhe von Erwachsenen putzen, weil sie Geld verdienen müssen für das tägliche Brot ihrer Familien. Schulgeld bezahlen können ihre Familien nämlich nicht. Und freie Schulbildung wie bei uns, ist längst nicht selbstverständlich.

Gegen Kinderarbeit – für Schulbildung sammeln die Pastoren Spenden mit ihrer Aktion und unterstützen eine Schule in Addis Abeba/Äthiopien.

Warum putzen diese Schuheputzer am Gründonnerstag?

Die Bibel berichtet, wie Jesus seinen Jüngern am Tag des letzten Abendmahls die Füße wusch. Eine dienende Geste des Meisters: *„Wer unter euch groß sein will, der sei der Diener aller."* sagt Jesus.

An dies wollen der Domprediger und seine Kollegen auch erinnern, - am Gründonnerstag in der Karwoche, der Woche vor Ostern.
Lassen Sie sich doch die Schuhe putzen, fast professionell!

Hass und Schuld

„Du sollst deinen Bruder nicht hassen in deinem Herzen, sondern du sollst deinen Nächsten zurechtweisen, damit du nicht seinetwegen Schuld auf dich lädst." (3. Buch Mose 19, 17)
Gute dreitausend Jahre alt ist diese Aufforderung aus dem Alten Testament. Manche die Existenz von uns Menschen betreffende Fragen bleiben, auch wenn die Zeiten sich geändert haben und unser 21.Jahrhundert mit dem ersten Jahrtausend vor Christus nicht in jeder Hinsicht vergleichbar ist. Der Erfolg dieser Aufforderung lässt bis heute allerdings zu wünschen übrig. Hass ist nicht gemeinschaftsförderlich, Hass ist nicht wirklich dem guten Leben verpflichtet, Hass hat zerstörerische, kriminelle Energien. Wenn Hass geschürt, also bewusst gefördert durch Propaganda zum politischen Instrument wird, dann wird es in der Regel für Millionen von Menschen sehr gefährlich, und es geht plötzlich auf Leben und Tod.
Hier können wir an einem Mittwoch im Dom ganz schnell verstehen, wie aus einem winzig kleinen Saatkorn von Hass in

den eigenen Gedanken, in den eigenen Empfindungen, eine Wellenbewegung ausgelöst werden kann, die so schnell durch nichts und niemanden zu stoppen ist. Also geht es darum, dass diese Saat gar nicht erst aufgeht, denn jeder ist dieser Aufforderung aus dem Alten Testament verpflichtet. Die Bibel ist unser Heiliges Buch, aber sie ist damit nicht weltfremd, und in die Märchenkiste gehört sie schon lange nicht. Es gibt kaum ein Buch, in dem der Mensch so realistisch beschrieben wird wie in der Bibel, mit seinen Möglichkeiten zum Guten, wie mit seinen fatalen Möglichkeiten zum Schlechten, und beides hat die Quelle in uns selbst. Warum wird der eine als gut und der andere als böse empfunden? Warum ist es in unserem Leben oft so schwer, uns auf die Seite des Lebens zu stellen? Warum spielen so viele Menschen mit dem Tod anderer, warum töten so viele Menschen? Die Zurechtweisung von der im Bibelwort die Rede ist, ist die Aufforderung, es im Gespräch, im Dialog, zum Guten zu wenden; mit Gewalt und Hau drauf ist da nichts zu tun. *„Du sollst deinen Bruder nicht hassen in deinem Herzen, sondern du sollst deinen Nächsten zurechtweisen, damit du nicht seinetwegen Schuld auf dich lädst."* Hass führt zu Schuld, auch dies ist ein Fastengedanke.

Respekt vor armen Menschen

"Wer den Armen verspottet, verhöhnt dessen Schöpfer; und wer sich über eines anderen Unglück freut, wird nicht ungestraft bleiben." (Sprüche Salomos 17, 5)

Die Bibelworte in dieser Woche sind sehr praktisch, sehr alltäglich, sehr menschlich, sehr mitmenschlich. Es ist gut, dass sie als sogenannte *Herrnhuter Losungen* in dieser Woche gelost worden sind. Sie passen in die Fastenzeit, wo wir über uns selbst und das Zusammenleben mit den anderen nachdenken, vielleicht in verstärktem Maße, weil wir auf das eine oder andere verzichten, womit wir sonst die Stunden und Tage unseres Lebens füllen. Fastenzeit, Passionszeit will der Klärung und der Klarheit dienen: Verspotte nicht den Armen, du verhöhnst den Schöpfer des Lebens. In den seltensten Fällen ist Armut das angekreuzte Wunschideal in der Babywiege, und materielle Armut heiß noch lange nicht, dass die Menschen dumm, bekloppt oder faul wären – so schnell geht es nicht. Auch dieses Bibelwort warnt vor voreiligen Schlüssen, mahnt Vorurteile nicht zu schnell in die Luft zu pusten. Gedenke deines Schöpfers, du kommst ohne materiellen Reichtum auf die Welt, und das letzte Hemd hat keine Taschen. Natürlich sind die Lebensverhältnisse, in die ein Menschenkind geboren wird, von großer, großer Bedeutung; das erzählt uns bis heute in unserem Land jeder Bildungsreport. Umso wichtiger ist es, dass die Fähigkeiten und Möglichkeiten der Menschen, die in armen oder ärmlichen

Verhältnissen zur Welt kommen, erkannt und gefördert werden. Das ist die Herausforderung, nicht, dass die Reichen immer reicher werden und die Armen immer ärmer. Die Einzigartigkeit und Kostbarkeit des Lebens steht im Mittelpunkt, jedenfalls in biblischer Tradition; und so langsam, so langsam müsste uns dämmern, dass wir hier einmal Farbe bekennen müssen. Stehen wir nun zu unserer biblischen Tradition, wollen wir nun Christen sein, wollen wir unseren Beitrag dazu leisten, dass die Kostbarkeit des Lebens anerkannt ist? Bedeuten uns Worte wie Ehrfurcht vor dem Leben und Respekt vor dem Leben eines anderen noch etwas, oder sind wir schon auf der 'ist mir alles egal' Seite gelandet?

„Christ bleib eingedenk, dass alle guten Gaben, alles was wir sind und haben von Gott kommt."

Was ist der Mensch?

Wer das Leben so beobachtet, wer die Menschen betrachtet, die die uns besonders anvertraut sind im persönlichen oder im Alltag des Lebens, aber wer auch den Blick noch nicht abgewandt hat von den Menschen, die uns durch Zeitung, Radio und Fernsehen so ins Haus und manchmal in die Seele und ins Herz flimmern und tönen, - wer also das Leben so betrachtet mit Empathie und Emphase, mit Geneigtheit und einer Portion Barmherzigkeit, der stellt sich ja immer wieder die eine entscheidende Frage: Was ist der Mensch?

Psalm 8: *„Wenn ich den Himmel sehe, das Werk deiner Finger, den Mond und die Sterne, die du geformt hast – was ist der Mensch, dass du an ihn denkst. Was ist das Kind eines Menschen, dass du es lieb hast."*

Dieselbe Frage seit Jahrtausenden hier in einem Psalm des Alten Testaments in den großen und ganzen Zusammenhang gestellt. Wenn ich diese gesamte Schöpfung betrachte, das Weltall und all das All, was hinter dem bisher bekannten Weltall sich noch verbergen mag, aber wenn ich dieses Weltall hier und die Sterne und den Himmel sehe und dann diesen kleinem Winzling Erde und auf diesen kleinen Winzling Erde diese kleinen Winzlinge Menschen: Was ist der Mensch, der zu so viel Gutem und gleichermaßen zu so viel Hässlichem in der Lage ist? Was ist der Mensch, dass aller Fortschritt, alle Erziehung, alle Wertevermittlung, alle Erfahrungen es nicht vermögen, sichtbare Besserung zu erreichen. Es wird immer noch gekriegt und terrorisiert, es wird immer noch geraubt und vergewaltigt, es wird immer noch Macht und Krieg und Waffengeklirr inszeniert, es wird immer noch gehungert und gedürstet, vertrieben und obdachlos gemacht. Was ist der Mensch? Was ist der Mensch, dass trotz all der Erfahrungen wir es nicht vermögen, sichtbare Besserung zu erreichen. Da bekommt ja übrigens der Wunsch „Gute Besserung" noch einmal eine ganz andere Bedeutung, da geht es nicht um Influenza und Hals, Nase und Ohren, da geht es auch nicht um ernsthaftere Erkrankung; hier geht es um die Besserung des Ganzen. „Gute Besserung", gute Besserung möchte ich doch nach Syrien rufen, nach Afghanistan, in den Südsudan oder auf die Krim. Zum Besseren, zum Guten soll doch menschliches Leben dienen, und bei all dem frage ich mich natürlich auch: Ist Gottes Geduldsfaden immer noch nicht gerissen, obgleich er vor tausenden von Jahren und in besondere Weise vor zweitausend Jahren in Bethlehems Stall vom Frieden auf Erden hat künden lassen. Ist und bleibt das eigentlich unsere letzte Hoffnung, dass dort, wo Menschliches nicht reicht und nicht ausgereicht hat, Gottes Gerechtigkeit für Gerechtigkeit sorgen wird?

Gewinnen ist schöner als verlieren

Nun hat unsere „Eintracht" doch eindrucksvoll gewonnen, und viele freuen sich. Sie freuen sich vor allen Dingen darüber, dass die Mannschaft, obwohl Letzter in der Tabelle, nicht aufgibt und immer noch mit großem Engagement versucht, mit eigenen spielerischen Qualitäten und Erfolgen in der 1. Fußball Bundesliga zu bleiben. Gewinnen ist schöner als verlieren – das gilt nicht nur beim Fußball, das würden wir jederzeit auch als Lebenserfahrung unterschreiben. Umso mehr interessiert eigentlich die Frage: Wer trainiert das Verlieren? Wer hilft uns, uns zurechtzufinden und zurechtzukommen, wenn es nicht geglückt ist, wenn wir uns angestrengt haben und der Erfolg ausgeblieben ist, wenn wir ins Straucheln geraten sind und das Ziel nicht erreichen, wenn eine Beziehung, die mit Liebesbekundungen begann, nach einer Zeit vor dem Aus steht, weil man sich nicht mehr versteht oder Seiten am anderen entdeckt, von denen man nicht ahnte, dass es sie gibt? Wer trainiert das Verlieren? Wir jedenfalls werden alle trainiert von Kindheitstagen an, gut zu sein, Erfolg zu haben, schlauer zu werden. Wir werden trainiert und mehr oder weniger zu Siegertypen geformt. Wie gesagt, es bleibt dabei: Wer trainiert das Verlieren? Wohin wende ich mich eigentlich, wenn ich verloren habe, wenn ich nicht mehr weiterkann, wenn es aus ist, wenn die Kräfte weg sind?

Der Apostel Paulus schreibt im 2. Brief an die Gemeinde in Korinth: *Der Herr hat zu mir gesagt: „Meine Gnade ist genug für dich, denn meine Kraft ist in der Schwachheit mächtig."*

Gott ist in uns dann stark, wenn wir schwach sind, und in der Tat ist das unsere Erfahrung. Wenn wir stark sind, und es gelingt alles, und es ist alles wunderbar und gut, dann rechnen wir es uns gern selbst zu. „Gott sei Dank" sagen wir da eher selten, meist als Floskel. Aber die Zusage unseres Gottes ist, dann, wenn du schwach bist und klein und gering und krank und in Not bist und verloren hast auf ganzer Linie, dann ist meine Kraft in dir mächtig.

Karwoche „Unterm Kreuz"... stehen, liegen, leiden...

Dann führten sie Jesus zur Kreuzigung aus der Stadt hinaus....
Dann kreuzigten sie ihn und die Vorübergehenden schmähten
ihn, schüttelten die Köpfe. „Steig vom Kreuz herab!", verhöhnten
sie ihn.

Der am Kreuz leidet, körperlich; das schmerzt, das tut weh. Wir müssen es uns nicht im Detail ausmalen. Wir sind durch Krimis im Fernsehen rund um die Uhr, täglich, jede Woche, an Tote und Opfer gewöhnt. Auch Bilder von Terroropfern und Bombenattentaten gehören in der Zwischenzeit zum Alltag unserer Medienspeisen. Das mit den persönlichen Schmerzen und dem persönlichen Leid ist noch einmal eine ganz andere Nummer; da reicht schon die kleinste Verletzung oder ein Zahn, der wehtut. Wir alle wissen, wie das ist mit den Schmerzen; der am Kreuz leidet, er leidet auch seelisch, denn der Weg, den er ans Kreuz gegangen ist, ist augenscheinlich in einer Katastrophe geendet. Keine Erfolgsgeschichte und die, die mit ihm waren, sind in alle Winde zerstreut. Der am Kreuz leidet und die, die zugucken, ihn verhöhnen, schmähen, bespucken, verlachen, die fügen seiner Seele zusätzlich Schmerzen zu. Auch das ist uns in Bildern vertraut. Ist erst einmal einer niedrig und erniedrigt, gibt es genügend Personen, die auch noch auf ihm herumtrampeln. U-Bahn-Opfer oder Gewalt gegen Ausländer in Bussen und Straßenbahnen oder Massen, die, in welcher Situation auch immer, auf Einzelnen herumtrampeln – diese Bilder werden uns auch vor Augen geführt. Die Welt ist voller Leid und voller Schmerz, die Geschichte dieses Jesus steht für viele Leidensgeschichten. Leiden am Kreuz und zu leiden, das ist ein Kreuz; und wenn wir sagen „Mir tut das Kreuz weh", dann ist es nicht nur das Rückgrat oder die Schulter oder die Wirbelsäule.

So ist es kein Wunder, dass in dieser Geschichte von Jesus am Kreuz Menschen seit Jahrhunderten ihre eigene Geschichte gesehen haben, und während die einen Hohn und Spott dafür übrig haben, sehen die anderen ganz genau hin und sehen Gott, der mitleidet, der mitleidet mit seinen Geschöpfen und seiner Schöpfung.

Aber unter dem Kreuz stehen noch andere: *Es waren auch Frauen da, die von weitem zuschauten, unter ihnen Maria von Magdala und Maria, die Mutter Jakobus' und Salome, die ihm schon, als er noch in Galiläa war, nachgefolgt waren.* Die stehen unter dem Kreuz und sind hilflos.

Sie schauen zu, sie müssen mit ansehen, was geschieht, sie haben keine Möglichkeit, einzugreifen, irgendetwas zu verhindern; es passiert, was passiert, und es passiert, was augenscheinlich passieren muss. Du stehst in deiner Hilflosigkeit, schaust zu und kannst nichts tun. Die Stunde dieser Frauen wird später kommen, indem sie die Geschichte weitertragen, die mit dem Geschehen am Kreuz nicht zu Ende war. Sie werden es sein, die für den Ostermorgen und seine Geschichte als Zeuginnen geradestehen. Ich sehe sie in ihrer

Hilflosigkeit und erkenne mich selbst in Situationen, in denen ich gern etwas tun möchte, aber mir die Hände gebunden sind, aus welchen Gründen auch immer. Wo ich nicht kann, wie ich will, sondern muss oder nicht darf oder einfach physisch oder psychisch nicht dazu in der Lage bin. Hilflosigkeit zu erleben und Hilflosigkeit zuzulassen ist für uns Menschen, die wir gern Macher-Typen sind, wahrlich nicht einfach, aber manches geschieht, vieles geschieht, ohne dass wir Einfluss darauf haben. Wenn es nach mir ginge, – und ich denke nach Ihnen auch, müsste zur Stunde auf dieser Welt niemand hungern. Aber es geht nicht nach uns, und warum diejenigen, nach denen es geht, das nicht ändern, bleibt eines der Rätsel der modernen Zeit.

Unterm Kreuz stehen, mit ansehen und nichts tun können, auch das ist ein Teil des Leidens in der Karwoche, in dieser Woche, die die unterschiedlichen Facetten von Leiden und Schmerzen und Sterben und Tod in den Blick nimmt. Da stehen noch welche unter dem Kreuz: Der Hauptmann, der römische, mit seinen Soldaten, der dafür zu sorgen hat, dass das juristische Strafverfahren bis zuletzt ordentlich über die Bühne geht. Der schaut und sieht und staunt und sagt: *Als aber der Hauptmann, der Jesus gegenüber in der Nähe stand, ihn so sterben sah, erklärte er: „Dieser Mann ist wirklich Gottes Sohn gewesen."*

Ein nicht jüdischer, römischer Hauptmann stellt das fest, ein Beobachter, einer, der sich beeindrucken lässt von dem, was da geschieht, was er miterlebt. Ein Zeitzeuge, wenn Sie so wollen, und sein Zeugnis lautet: Wenn nicht der, wer denn dann, Gottes Sohn. In diesem Hauptmann beginnt übrigens die Geschichte, die nicht mit dem Tod und dem Grab und dem dicken Stein endet; denn wo einer beginnt, das Geschehen zu deuten, gibt der ihm eine Bedeutung. Man kann unter dem Kreuz stehen in sehr unterschiedlicher Weise, wie man auch am Kreuz, mit dem Kreuz und unter dem Kreuz in unterschiedlicher Weise leiden kann. Man kann unter einem Kreuz auch zerbrechen, wie die Via Dolorosa-Geschichte des Jesus beschreibt, wo ein Simon aus Cyrene gezwungen wird, ihm das Kreuz zu tragen, weil er selber nicht mehr in der Lage war. *„Einer trage des Anderen Last."* Ja, da liegt er, der Jesus. Schon zu Lebzeiten unter dem Kreuz; er schleppt mehr, als er tragen kann, er bricht zusammen, die Kräfte reichen nicht. Das sind doch Lebensgeschichten, die wir gut verstehen. Zum Schluss liegt er noch einmal unter dem Kreuz, nachdem er verstorben war und sein Leichnam vom Kreuz genommen wurde, um auf der Erde zu liegen, bevor er ins Grab gelegt wird. Unter dem Kreuz liegen, lebend oder tot.

Wenn wir an diesen Tagen der Karwoche, am Karmontag, am Kardienstag und Karmittwoch dieses Kreuz in den Mittelpunkt rücken, tun wir es, weil es uns ganz unterschiedliche Geschichten erzählt. Geschichten, die menschlich, allzu menschlich sind und in denen Jesus seine unbedingte Nähe zu den Menschen noch einmal zeigt und offenbart. Gottes Geschichte mit diesem Jesus geht in die tiefsten Tiefen dessen, was Menschen erleben und erleiden; deswegen ist diese Geschichte für so viele Menschen immer wieder eine, die sie in besonderer Weise anrührt. Wenn wir dann irgendwie und irgendwann dem römischen Hauptmann folgen, dass Jesus am Kreuz Gottes Sohn ist, öffnet sich auch für uns jene Pforte eine Handbreit, durch die dann das Osterlicht auch unser Leben mit neuer Hoffnung und neuer Zuversicht und Aussicht erreicht.

Stunden und Tage und Jahre

„Herr meiner Stunden und meiner Jahre,
du hast mir viel Zeit gegeben, ich habe sie von dir.
Ich danke dir für jeden Schlag der Uhr und für jeden Morgen, den ich sehe.
Ich bitte dich nicht, mir mehr Zeit zu geben.
Ich bitte dich aber um viel Gelassenheit, jede Stunde zu erfüllen.
Ich bitte dich, dass ich ein wenig dieser Zeit freihalten darf von Befehl und Pflicht, ein wenig für Stille, ein wenig für das Spiel,
ein wenig für die Menschen am Rande meines Lebens, die einen Tröster brauchen.
Ich bitte dich, dass ich meine Zeit nicht töte, nicht vertreibe, nicht verderbe. Segne du meinen Tag."

Diese Worte von Jörg Zink fand ich beim Aufräumen. Ein Freund hatte sie mir einmal mit guten Wünschen zum Geburtstag geschrieben. Die geschenkte Zeit des Lebens – eigentlich ist uns dieses ganze Leben geschenkt, denn wir haben es nicht selbst gemacht. Wir können etwas daraus machen; dem einen gelingt es besser, der anderen nicht so gut. Manche sind viel zu oft traurig, manche haben unter schwerer Last zu schleppen, aber dieses gerüttelt Maß an Zeit, das uns geschenkt ist, wartet darauf, von uns benutzt zu werden. Es geht nicht darum: Wie verbringe ich die Jahre meines Lebens, sondern wie fülle ich sie, wie gestalte ich sie; das ist die Herausforderung. In dieser Osterwoche hören wir, dass mit dem Tod nicht einfach alles aus und vorbei ist, sondern dass das Leben den Sieg davontrug, allem Augenschein zum Trotz. Also wollen wir doch mit diesem Leben dankbar und erwartungsfroh umgehen. *„Meine Zeit steht in deinen Händen, Herr"*, sagt der Psalmbeter. *„Anfang und Ende liegen bei dir Herr, füll du uns die Hände."*

April

Bald trüb und rau, bald licht und mild:
April – der Menschen Ebenbild
(aus dem Landkalender)
Der April kann machen, was er will, mal mild, mal kalt, mal Sonnenschein, mal Hagel; wir haben es gerade wieder hautnah erlebt. Der April ist ein Monat, der manchmal schon so tut, als ob

er ein Mai wäre und uns manchmal daran erinnert, dass der Winter noch nicht lange vorbei ist. Er ist mild und rau, wie der Mensch; wir sind einmal so und einmal so. Die Braunschweiger sagen: Es gibt *Sonewecke (=solche Welche) und Sonewecke und die Gesprenkelten*; also wir, sind einmal so und einmal so. Die Frage ist: Warum sind wir mal so und mal so? Warum sind wir mal gut drauf und liebevoll und barmherzig, und warum sind wir mal schlecht drauf und miesepetrig und bösartig, widerwärtig? Des Menschen größtes Rätsel ist er selbst. Was treibt mich, was bestimmt mich, wieso lasse ich mich zu diesem oder jenem anstiften oder verleiten? Was ist der Mensch?

Ostergedanken – glücklicherweise ist der Mensch mehr als das, was gerade vor Augen steht. Glücklicherweise haben wir auch noch andere Seiten, glücklicherweise gibt es eine Wirklichkeit, die nicht zu messen, nicht zu berechnen, nur zu erfahren ist, wie die Liebe, die Güte, die Freundlichkeit.

Armer Mai

Was bleibt dem Mai, wenn die Natur in diesem Jahr dem Kalender mindestens zwei-drei Wochen voraus ist?

Ist der milde Wonnemonat Mai dann ins Hintertreffen geraten, weil der April ihm den Rang abgelaufen hat? Es ist bereits alles grün, es hat schon eine Menge geblüht, die Felder sind schon rapsgelb gewesen.

Das Image des Mai bleibt; wenn du erstmal einen Ruf oder einen Spitznamen weg hast, hält das lange vor. Da sind die punktuell anderen Erfahrungen kein Grund, etwas zu ändern.

So wünschen wir uns trotz aller Frühjahrswetterkapriolen einfach einen Wonnemonat Mai. Wenn's aber um uns selbst geht, sind wir ja bei den Etiketten, die man uns aufklebt, eher zurückhaltend; neue Erfahrungen dürfen es doch durchaus immer wieder sein. Eine einmal gemachte Erfahrung reicht doch nicht wirklich aus, um jemanden damit für ein ganzes Leben abzustempeln, oder?

Leben lebt von dem, was der nächste Augenblick bringt, Leben führt immer in das Kommende; erst im Tod ist Irdisches an ein Ziel gelangt. Christliche Osterhoffnung allerdings bezeugt, dass mit dem Ende nicht einfach alles aus und vorbei ist; selbst angesichts des Todes wird seit Ostern damals in Jerusalem vom Leben, das eine ewige Perspektive hat geredet und geglaubt.

Der Kreislauf der Natur ist den Naturgesetzen in Raum und Zeit genauso verhaftet wie das menschliche Leben als Teil der Natur. Aber auch die ganze Schöpfung wartet auf ihre Erlösung, sagt der Apostel Paulus. Frisch geglaubt führt über Begrenztheit in Raum und Zeit hinaus.

Weißt du wie viel Sternlein stehen an dem blauen Himmelszelt?

Vor kurzem ging eine Meldung durch die Presse: In der Milchstraße herrscht offenbar kein Mangel an Planeten, so sind in den Daten des NASA-Weltraumteleskops *Kepler* nun insgesamt 715 bislang unbekannte extrasolare Planeten entdeckt worden. Weißt du wie viel Sternlein stehen? Seitdem wir die Elektrizität erfunden haben und sie unsere Städte und unsere Dörfer in der Nacht erhellt, ist das mit den Sternen da oben am Himmel so eine Sache. Man muss schon an einen Ort gehen, an dem es wirklich dunkel ist und die Lichtverschmutzung unserer Tage einen Blick in den Himmel nicht unmöglich macht. Denn bei diesem vielen Licht hier auf der Erde, um uns herum, sehen wir dort oben gerade so ein paar Sterne, von denen wir dann den einen oder anderen vielleicht sogar als Sternbild erkennen, den Großen Wagen oder den Orion zum Beispiel. Weißt du wie viel Sternlein stehen? Diese uralte Frage, die im Psalm heißt: *"Wenn ich den Himmel sehe, das Werk deiner Hände, den Mond und die Sterne, die du geformt hast – was ist der Mensch?"* Was ist der Mensch eigentlich, der von sich so große Dinge denkt, der über sein Wissen staunt und dann vor kurzem liest, es sind 715 bislang unbekannte Planeten entdeckt worden? Auf alle Fälle wird man sagen können: Es gibt noch sehr viel, was noch nicht entdeckt ist, aber bekanntermaßen kann man nur entdecken, was da ist. Insofern ist und bleibt unser

Wissen begrenzt in Raum und in Zeit. Wenn die Menschen mit dem zufrieden gewesen wären, was sie vor Jahrtausenden gewusst haben, hätte es keine Entwicklung gegeben, und wenn wir der Meinung wären, das, was wir wissen, sei nun alles, haben wir etwas ganz Entscheidendes ausgeblendet und nicht verstanden. Wir Menschen können immer nur, was wir in diesem Augenblick können. Unsere Fähigkeit zu glauben allerdings geht über das, was uns gerade vor Augen ist, weit hinaus. Diese Kraft des Glaubens, die in aller Unbehaustheit und zeitlichen Begrenztheit nach einem Zuhause sucht, hat in jüdisch-christlicher Tradition das Bild des Himmlischen Jerusalems gemalt. Apropos gemalt: Hier oben in der Vierung unseres Hohen Chores ist dieses Himmlische Jerusalem gemalt, wie es als Stadt des Glaubens herabkommt aus den Himmeln, um den Glauben der Menschen aufzunehmen und zu beheimaten. In diesen Tagen nach dem Osterfest werden wir noch einmal mit Nachdruck sagen dürfen: Ostern, das ist mehr als Eier mit Verfallsdatum oder Schokoeier, die nicht mehr schmecken, das ist auch mehr als Hoppelhase und Frühlingsaufbruch. Ostern ist die christliche Antwort auf die Frage: Weißt du wie viel Sternlein stehen? Die Antwort lautet: Der, der das alles geschaffen hat und noch erhält, kennt auch dich und hat dich lieb.

Abschied des Landesbischofs

Am vergangenen Sonnabend hat unsere Landeskirche ihren langjährigen Landesbischof Friedrich Weber verabschiedet. Zwölf Jahre lang ist der aus Hessen-Nassau zu uns gekommene frühere Propst von Wiesbaden unser Bischof gewesen. Gerade wir hier im Braunschweiger Dom, seiner Hauptpredigtstätte, haben ihn immer wieder erlebt und sind mit ihm durch dick und dünn gegangen. Wir haben hier gesessen und die Opfer des Tsunami beklagt; wir haben hier gesessen und fröhliche, festliche Gottesdienste gefeiert. Wir waren hier zusammen, alltags wie sonntags, und hatten in ihm einen guten Wegbegleiter, einen Ratgeber, einen Wegweiser. Nun ist seine Amtszeit zu Ende und im Juni wird unser neuer Landesbischof, Christoph Meyns, sein Amt beginnen.

Die Menschen in der Kirche kommen, und sie gehen; das gilt nicht nur für Bischöfe, das gilt auch für Domprediger, auch für Kirchenmusiker, Domvögte, Kirchenvorsteher. Wir Menschen sind die *Staffelstabweitergeber*, wir geben weiter, was wir überkommen haben, was uns anvertraut wurde. Es ist nur gut, wenn wir es am Ende in andere gute Hände weitergeben können. So danken wir unserem Landesbischof Friedrich Weber auch für das, was er hier mit uns und für uns am Dom getan hat, und wir freuen uns auf den neuen Bischof, denn der Weg der Kirche Jesu Christi durch diese Zeiten ist noch nicht am Ziel. Es ist gut, dass es Wegbegleiter gibt.

Vergiss nicht, wem du was verdankst

Wenn du nun gegessen hast und satt bist und schöne Häuser erbaust und darin wohnst, dann hüte dich, dass dein Herz sich nicht überhebt und du den Herrn, deinen Gott, vergisst.
(5. Buch Mose 8,12-14)

Dieses Wort ist dreitausend Jahre alt, das ist erstaunlich genug; es könnte aus der Nachkriegszeit stammen, aus der Zeit des Wiederaufbaus oder aus der Zeit nach der Wende, blühende Landschaften. Es könnte auch von heute sein in den ganzen Diskussionen um Steuergelder, Banken voller fauler Kredite – Eurokrise – satt und schön, mit sich selbst zufrieden und wie schnell die Abhängigkeit, die Gefährlichkeit, läßt die Augenblicklichkeit des Lebens vergessen. Was für ein aktuelles Bibelwort. So ist sie, diese Bibel, überraschend, überraschend deutlich, überraschend klar und in einem gibt es kein Vertun: Die Bibel berichtet alle ihre Geschichten immer über die Menschen und ihre Verantwortung vor Gott und Verantwortung gegenüber ihnen anvertrauten, anderen Menschen und gegenüber dem eigenen Leben. Das ist biblischer Dreiklang. Gott, die Anderen und ich; ich, die Anderen und Gott; die Anderen, Gott und ich. Dieses Beziehungsgeflecht könnte man das Grundelement aller menschlichen Beziehungen nennen. Es tut immer wieder gut, vielleicht sogar täglich abends, wenn du gegessen hast und satt bist und in deinen eigenen vier Wänden bist: Vielleicht ist das dann der Ort, einen Augenblick nachzudenken, und wer nachdenkt, der dankt, und wer nachdenkt, der weiß auch, wem er wofür zu danken hat.

Völkerbund – Vereinte Nationen

Am 29. April 1919 wird in Genf der Völkerbund gegründet als Lehre aus den Schrecken und Erfahrungen des 1. Weltkrieges, in dem in ungeahnter Weise Völker, Länder und Gegenden rund um den Globus in schrecklicher Weise gegeneinander aufmarschierten und loslegten. Als Konsequenz und Folge wird der Völkerbund gegründet: Das sollte sich nicht wiederholen, Konflikte sollten in Zukunft friedlich ausgetragen werden. Er hat nicht lange überlebt; 20 Jahre später wird der 2. Weltkrieg beginnen. Am Ende des 2. Weltkrieges mit noch mehr Opfern, mit noch mehr Katastrophen, mit noch mehr Vertreibung und verbrannten Städten, werden die Vereinten Nationen in New York gegründet. Wie es um die Welt heute aussieht, obgleich es die Vereinten Nationen gibt, das ist uns allenthalben bekannt. Warum ist es so schwierig, dass Menschen, Mächte, Regierungen, Völker, Nationen ihre Streitfragen friedlich diskutieren? Warum ist das so schwierig? Warum ist es so schwierig, dass wir uns mit den Menschen an einen Tisch setzen, mit denen wir Probleme haben? Wenn wir es aufs Ganze betrachten, müssen wir doch ehrlicherweise sagen, jeder Streit, der nicht geschlichtet ist, ist ein Zeitfresser. Streit und Auseinandersetzungen fressen unsere Lebenszeit auf, und am Ende unserer Tage stellen wir fest: Viel zu viel Zeit ist draufgegangen in Streit und Ärger, Magenschmerzen und Kopfschmerzen, Unwohlsein und allen solchen Dingen. Wir wissen das wohl, aber vielleicht fehlt uns der Blick aufs Ganze, weil wir mittendrin stecken. Müssen wirklich erst Millionen von Menschen ihr Leben verlieren, damit Frieden werden kann, in Syrien zum Beispiel?

„Meine Gedanken sind nicht eure Gedanken, und meine Wege sind nicht eure Wege. Meine Gedanken sind höher, und meine Wege sind weiter", spricht Gott der Herr. Dieses Wort aus dem Buch des Propheten Jesaja macht uns deutlich, wie begrenzt das menschliche Verstehen und Denken, Planen und Vermögen ist. Darum ist es gut, wenn wir nicht aus den Augen verlieren, dass Gott unser Gegenüber ist und uns vorstellen, wie unser Leben eigentlich aus seiner Perspektive aussieht, unser Leben und das Zusammenleben hier auf der Erde.

Alte Texte – Worte von früher

Beim Aufräumen, das eine immer stärkere Dynamik entwickelt, habe ich auch die Ordner gesichtet, in denen die Texte des Wortes zum Alltag abgeheftet sind. Da habe ich auch die zur

Hand genommen, die ich im Dom vertretungsweise gehalten habe, als ich noch Pastor in Riddagshausen war, und mein Vorgänger Armin Kraft mich um Urlaubsvertretung bat. Da kam ich als Riddagshäuser Pastor sozusagen eingeflogen, um dann hier mitten in der Stadt das Wort zum Alltag zu halten. Es ist ein komisches Gefühl, diese Texte jetzt in die Hand zu nehmen, denn ehrlich: Wissen Sie noch, was Sie vor 25, 30 oder 35 Jahren gesagt haben? Aber wenn es das schwarz auf weiß gibt, kann man es sich in Erinnerung rufen. Plötzlich dachte ich: Was wäre, wenn dies mehr Menschen tun könnten, sich in Erinnerung zu rufen, was sie schon einmal gesagt haben? Auf der einen Seite wundert man sich, wundert sich auch über manche Naivität oder Kurzsichtigkeit. Auf der anderen Seite ist man überrascht, was man damals schon wusste und erkannt hatte. Zum Dritten ist es erstaunlich, was sich in all der Zeit getan hat. „Was interessiert mich das Geschwätz von gestern." Diesen Satz hören wir gern, auch hin und wieder von Politikern, wenn sie zu neuen Aussagen kommen, die gestern noch ganz fremd in ihrem Mund geklungen hätten. „Was interessiert mich das Geschwätz von gestern." Auf der anderen Seite, nicht ganz so harsch ausgedrückt: Ich darf doch auch mit neuen Erfahrungen und neuen Erkenntnissen nochmal etwas Anderes sagen als gestern, oder? Also, der Mensch und seine Gedanken, der Mensch und seine Sprache, der Mensch und seine Taten, was für ein lebenslanges Thema und dazu ein Wort aus den Sprüchen Salomos: *„Ein gutes Wort* *zur rechten Zeit, wie kostbar, wie wertvoll ist das!"* Möge es uns gelingen, „das gute Wort zur rechten Zeit", - nicht nur rückblickend, sondern vorausschauend.

Konfirmation

Der zweite Sonntag nach Ostern ist im Dom traditionell Konfirmations-Sonntag; 17 junge Menschen, Mädchen und Jungen, werden morgen konfirmiert. Heute Abend treffen sie sich mit ihren Familien und Paten zu einem Abendmahlsgottesdienst hier im Dom, im Hohen Chor, als Vorbereitung auf einen wichtigen und großen Tag. Vorbereitung heißt nicht nur äußeres Styling und Gästeliste und Menüauswahl und Veranstaltungsprogramm. Vorbereitung heißt auch, sich innerlich bereit machen, Aufregung und Nervosität in ihre Schranken weisen, Freude und Hoffnung Platz schaffen. Natürlich ist Konfirmation Abschluss der Zeit des Konfirmandenunterrichtes; und da haben wir alle unsere je eigenen Erinnerungen und Erfahrungen. Ich kann Ihnen allerdings sagen, auch da hat sich eine Menge getan und verändert.

Konfirmation ist eine wichtige Wegmarke auf dem Weg durchs Leben. Diese Schwelle zwischen Kindheit und Jugend, auf dem Weg zum Erwachsenenwerden, mit dem Blick auf eine Schulzeit, die den letzten großen Abschnitt vor sich hat, um dann ins

Studium oder in die Berufsausbildung zu gehen. Konfirmation ist im Grunde der erste große Abschnitt, über den ein junger Mensch sich auch Rechenschaft ablegen kann. Es ist gut, dass wir die jungen Menschen in dieser Zeit begleiten und mit ihnen ein Stück des Weges gehen können. Deswegen fand ich den regelmäßigen Konfirmandenunterricht wunderbar, weil man über eine längere Zeitspanne einfach miteinander unterwegs ist und Erlebnisse teilt, Geschichten hört, einander zuhört und auf Verstehen und Verständnis stößt. Konfirmation ist nicht nur eine schöne alte Tradition der protestantischen Kirche, sondern sie ist auch ein Stück praktischen Weggeleits. Neben Eltern, Freunden, Lehrern gibt es da auch die immer wieder anders zusammengewürfelte Konfirmandengruppe.

Dompfarrer Christian Kohn und ich freuen uns jedenfalls sehr, dass wir noch einmal mit allen eine schöne Konfirmation feiern und den Konfirmanden Gottes Segen zusprechen können:

„*Der Herr segne dich und behüte dich.*

Der Herr lasse leuchten sein Angesicht über dir und sei dir gnädig.

Der Herr erhebe sein Angesicht auf dich und gebe dir seinen Frieden."

Dreimal Himmel

Herr, du bist's allein, du hast gemacht den Himmel und aller Himmel Himmel mit ihrem ganzen Heer, die Erde und alles, was darauf ist, die Meere und alles, was darin ist.
(Nehemia 9, 6)

Für mich ist das Spannendste an diesem Wort aus dem Alten Testament *„Himmel und aller Himmel Himmel"*. Dreimal das Wort Himmel, dabei haben wir doch eigentlich mit dem einen über uns und um uns herum schon genug. Wir haben es in den letzten Tagen hier in den 5-Minuten-Andachten immer wieder mal bedacht: Das, was wir sehen, was wir mit den besten Teleskopen erkennen können, was wir wissen oder gerade eben auch als neues Wissen erwerben, weil wir etwas entdeckt haben, was wir bisher nicht wussten. All dies steckt in diesem Text schon drin, der mehr als dreitausend Jahre alt ist. Schon damals war den Propheten und Lehrern des Volkes Israel klar; das, was vor Augen ist, ist längst nicht alles. Das fängt schon bei den kleinsten Dingen an, das, was in diesem Augenblick für mich Lebenswirklichkeit ist, hat sich im nächsten Augenblick schon wieder verändert und verwandelt, das, was wir gerade vor Augen haben, ist nur ein Ausschnitt eines großen Ganzen und dieses große Ganze ist nicht dort zu Ende, wo wir denken, da sei der Horizont. Als wir klein waren, haben wir manchmal gedacht, der eigene Tellerrand sei der Horizont, die eigene kleine weite Welt, und manchmal denken wir das auch heute noch. Wir Europäer denken, dort, wo wir nicht mehr hingucken, ist die Welt zu Ende oder das, was wir nicht zur Kenntnis nehmen, das gibt es nicht, das passiert nicht. Dieser kleine Kasten mit dem Bildschirm bestärkt uns noch darin: Das, was darin nicht vorkommt, das gibt es nicht, das, was uns nicht gezeigt wird, das kann nicht sein. Dieser alte Text ist eine prophetische, eine wegweisende Aussage. *„Gott, du bist's allein, du hast gemacht den Himmel und aller Himmel Himmel und die Erde und alles was darauf ist."* Dreimal Himmel, den Himmel über uns und den Himmel hinter diesem Himmel; wir nennen das hinter unserem Sonnensystem Weltall; und in dem Weltall steckt alles drin, alles, auch das, von dem wir noch keine Ahnung haben. Alles, was es gibt, gibt es aus ihm, das bekennen wir frank und frei. *„Gut, dass wir dich haben, gut, unser Gott, dass du da bist"*, sagt der Psalmbeter in Psalm 8.

Delegation ins Heilige Land

Morgen zu ganz früher Stunde wird eine Delegation des Braunschweiger Doms unter meiner Leitung ins Heilige Land aufbrechen. Eine Woche sind wir zu Gast in Jerusalem und Bethlehem, vor der großen Mauer und hinter der großen Mauer. Wir wollen den Lebensalltag der Menschen besser verstehen, wir wollen den Christen im Heiligen Land unsere Solidarität bekunden, und wir wollen soziale und diakonische Einrichtungen besuchen, um zu gucken, wo wir helfen können.

Ich hatte anlässlich meines kürzlichen besonderen Geburtstages anstatt von Geschenken um Unterstützung für soziale und diakonische Projekte in Bethlehem gebeten. Dabei sind einige tausend Euro zusammen gekommen, dafür sind wir sehr dankbar. Diese werden wir mitnehmen, und wir werden sie dort einsetzen, wo Menschen sich um Kinder mit geistiger Behinderung kümmern, wo in kleinen Krankenstationen Menschen behandelt werden können, die sich einen Doktor nicht wirklich leisten können. Wir wollen Schulgruppen und Jugendkreise fördern und gerade dort, wo Lebensmöglichkeiten eingeschränkt sind, ein bisschen unter die Arme greifen.

Wir reisen ins Heilige Land, das ist nichts Ungewöhnliches, seit die Heilige Helena, deren Bilderzyklus wir hier oben im Hohen Chor gemalt haben, sich im 4. Jahrhundert auf den Weg nach Jerusalem und Bethlehem machte, weil sie einmal dort sein wollte, wo Jesus Christus die Füße auf die Erde gesetzt hatte. Seitdem sind immer wieder Menschen in unendlicher Zahl aufgebrochen, zu Wallfahrten, zu Pilgerreisen, zu touristischen und kulturellen Unternehmungen. Wir sind eine kleine Gruppe und sind deswegen besonders beweglich, auch beweglich im Geist; wir freuen uns auf Begegnungen mit ganz unterschiedlichen Menschen auf der israelischen und auf der palästinensischen Seite, mit Juden, Muslimen und Christen.

Denken Sie in den nächsten Tagen an uns, wir werden in Jerusalem und Bethlehem auch an Sie denken.

Gott gebe mir....?

Gott gebe euch viel Barmherzigkeit und Frieden und Liebe!
(Judasbrief Kapitel 2)

Wovon hätten Sie denn gern noch eine Menge geschenkt, wovon noch ein gerüttelt Maß, weil Sie das Gefühl haben, davon könnte ich noch etwas gebrauchen? Denken Sie dabei an Ideelles oder Materielles, an Mobiles oder Immobiles, an Zeitliches oder Ewiges? Was hätten wir denn gern einmal geschenkt, tauchen darunter Barmherzigkeit, Frieden und Liebe auf? Die Bibel ist manchmal ganz schön überraschend: *„Gott gebe euch viel Barmherzigkeit und Frieden und Liebe."* Es ist schön, davon weiterzugeben, denn wenn man von etwas viel hat, gibt man ja gern und hat auch die Möglichkeit, gern zu geben. Der Mensch ist eine Beziehungsperson, menschliches Leben ist ohne Beziehung zu anderen nicht möglich. Was aber geben wir, was teilen wir aus, wovon geben wir ab? Das ist ein Kräftespiel, behalten und abgeben, wegwerfen und sammeln, verschenken und geschenkt bekommen, Barmherzigkeit, Frieden, Liebe, diese drei. Der Briefschreiber im Neuen Testament erbittet diese Gabe von Gott. Das ist noch einmal etwas Anderes als die Fee,

die auftaucht und sagt: „Du hast drei Wünsche frei." Darunter wären wahrscheinlich Barmherzigkeit, Frieden und Liebe eher nicht, aber von Gott wollen wir doch Grundlegendes erbitten, nicht nur etwas, das uns gerade jetzt in den Sinn kommt und im Augenblick vielleicht Freude macht.
„Gott gebe euch viel Barmherzigkeit und Frieden und Liebe."

Tag der Domsingschule

Morgen ist der Tag der Domsingschule; das ist einmal im Jahr das große Fest aller Gruppen und Chöre der Braunschweiger Domsingschule. Morgen ist der Sonntag „Kantate", das ist einer dieser Sonntage mit dem Ausrufungszeichen. Dieser vierte Sonntag nach dem Osterfest singt: *„Singet dem Herrn ein neues Lied; denn er tut Wunder."* Damit ist das Osterwunder gemeint, das dem Leben eine völlig neue Perspektive und neue Richtung gibt. Am Tag der Domsingschule werden hunderte von Kindern und Jugendlichen und Erwachsenen, hoffentlich auf dem Burgplatz bei einigermaßen ordentlichem Wetter, mit uns, die wir dazukommen, ein fröhliches Fest feiern. Das ist unser Abschluss vor den großen Ferien, die etwas später beginnen, und es ist für viele das Aufsteigen in eine andere Altersgruppe, in eine andere Kantorei. Dieses quirlige Gewirbel, diese schönen Töne, dieser Eifer und diese Engagement sind es wert, von einem großen

Publikum und von einer großen Gemeinde mitgefeiert zu werden. Dankbar zu sein, dass so viele Eltern uns ihre Kinder anvertrauen, dankbar zu sein, dass so viele Kinder und Jugendliche gern hierherkommen, dankbar zu sein für das Engagement der Kantoren und der ehrenamtlichen Mitarbeiter. Der Tag der Domsingschule ist ein großes Ereignis. Sie sind eingeladen, Sie sind herzlich willkommen, Sie sind gern gesehen. Tag der Domsingschule – da bist du gern gesehen. Das Programm im Einzelnen steht in unserem Monatsplan. *„Singet dem Herr ein neues Lied, denn er tut Wunder."* Singen macht bekanntermaßen zusammen mit anderen mehr Spaß, singen ist gesund für Leib und Seele. Was hindert es dich, morgen dabei zu sein?

Wandmalereien

Es ist geschafft - heute können wir das erste umfassende Buch über die Wandmalereien im Braunschweiger Dom vorstellen. Die langjährige Sanierung und Sicherung der Arbeiten in den letzten Jahren hatte die Idee hervorgebracht, nicht nur zu dokumentieren, was dort geschehen ist und was dort gefunden wurde, sondern nun endlich auch einmal die Abbildungen so zu präsentieren, dass man sie sich zu Hause in Ruhe angucken kann. Denn in fünfzehn Metern Höhe sieht der Mensch nicht wirklich gut trotz wunderbarer Beleuchtungsanlage. Fachleute aus nah und fern haben sich der Wandmalereien angenommen, und so ist ein umfängliches, mit mehr als 300 Seiten wirklich opulent ausgestattetes Buch erschienen.

Im Anschluss an die Andacht werden die Herausgeber Prof. Harald Wolter-von dem Knesebeck und ich, das Buch, seine Autoren und die verhandelten Themen präsentieren; Sie sind herzlich eingeladen. Zum ersten Mal in den 800 Jahren dieser Wandmalereien liegt damit eine umfassende Beschreibung, eine Beleuchtung der Hintergründe, der Künstler und der Themen vor. Die Frage, die wir uns immer wieder stellen müssen ist: Ob die Menschen, die tagaus, tagein in den Dom kommen und sehen, was es hier zu sehen gibt, auch verstehen, was es hier zu verstehen gibt oder ob wir nicht längst wieder Dolmetscher brauchen, die uns erklären, beschreiben und deuten. Das ist ja bei den biblischen Texten uns zur Gewohnheit geworden, wir lesen sie, wir sehen ihre Bilder, wir malen sie uns in der eigenen Fantasie aus, aber wer deutet uns, was wir da lesen, wer deutet uns, was wir da hören? Es sind Texte aus einer anderen Zeit, aus einer anderen Ecke der Welt, aus ganz anderen Lebensumständen. Die Malereien im Hohen Chor des Braunschweiger Doms sind ja ein Abbild dessen, was andere sich zu anderen Zeiten vorstellten, als sie diese Geschichten lasen und hörten. Mit viel Arbeit und mit mancherlei guter Unterstützung ist es nun gelungen, dieses Buch vorzulegen. Es hat seinen Preis, keine Frage; aber es ist schon besonders schön, eine DVD zu Hause in einen Apparat einlegen zu können und sich 800 m² Wandmalereien aus dem Braunschweiger Dom, sozusagen auf Augenhöhe, von Angesicht zu Angesicht anschauen zu können. Gott sei Dank sind die Zerstörungen des Doms in Folge der Bombardierung unserer Stadt nicht so heftig gewesen, dass diese Malereinen unwiederbringlich verschwunden wären. Sie sind noch da, sind uns überkommen. Wir schützen sie, pflegen sie, so gut wir es können. Jetzt kann man unter anderem mit dem Erwerb des Buches einen Beitrag dazu leisten, dass in Familien auch die nächste Generation noch sieht und versteht.

Christi Himmelfahrt

Morgen ist Christi Himmelfahrt, nicht so sehr Vatertag, auch nicht wieder nur ein Tag frei; sondern Christi Himmelfahrt heißt dieser Feiertag. Wir feiern ihn morgens mit einem Gottesdienst im Dom und nachmittags traditionell mit einem Gottesdienst unter freiem Himmel am Schloss Richmond. Diesmal sogar mit der Taufe von Janina an der Oker. Der Himmelfahrtsgottesdienst will uns daran erinnern, dass der Himmel, den wir sehen, nicht der Himmel ist, von dem die Rede ist, wenn Gott von seinem himmlischen Reich redet oder wenn wir beten „Vaterunser im Himmel". Das ist nicht das, wo die Satelliten und die ISS Station herumkreist, Himmel ist dort, wo Gottes Wille geschieht, uneingeschränkt ohne menschliche Interventionen, Verbiegungen und Missverständnisse. Dieses Himmelreich ist ein Reich des Friedens und der Gerechtigkeit, der Güte und der Gnade Gottes. Im 103. Psalm heißt es: *„Barmherzig ist der Herr und gnädig. Er handelt nicht mit uns nach unserer Schuld und vergilt uns nicht nach unserer Missetat; denn so hoch der Himmel über der Erde ist, ist seine Güte groß und weit, und seine Gnade reicht soweit die Himmel gehen."*

Christi Himmelfahrt ist die Erinnerung daran, dass es keinen Bereich gibt, der außerhalb Gottes wäre. Christi Himmelfahrt ist die Erinnerung daran, dass das, was wir Menschen wissen, sehen und mit unserem begrenzten Verstand verstehen, noch längst nicht alles ist. Gottes Möglichkeiten sind größer und weiter, hier hat unser Glaube sein Zuhause.

Schutzhütten auf Lebenswegen

Dass Menschen kommen und gehen, ist das Natürlichste und Grundlegendste.

Wir haben hier keine bleibende Stätte, sagt uns die Bibel, wir sind das wandernde Gottesvolk auf Erden.

Der Dom ist dabei eine Schutzhütte auf den Lebenswegen,

das war er und das bleibt er.

Egal, wo Sie Ihre Schutzhütten finden, auf alle Fälle ist es gut, wenn man weiß, wo es welche gibt.

Kürzlich sagte mir jemand aus der Wirtschaft, wenn er sich am Telefon besonders über jemanden geärgert habe, dann gehe er mal eben für ein paar Minuten um die Ecke zur Kirche nahebei, um an den alten Steinen nach oben zu schauen – das relativiere so Manches.

Pflegen sie Schutzhütten, das macht den Lebensweg leichter, Orte, wo sie die Seele baumeln lassen können.

Der Herr segne unseren Ausgang und Eingang bis in Ewigkeit!

Verstehen

Haben Sie mich verstanden? Also, ich meine jetzt nicht in erster Linie das Akustische. Haben Sie mich verstanden, verstehen Sie, wenn ich etwas sage? Wir wollen hier heute einmal nicht vom Pastor und der Gemeinde reden, sondern vom allgemeinen Verstehen. Verständnis haben und sich verständigen sind schöne Sachen, wenn nur nicht diese vielen fremden Sprachen wären; aber selbst dort, wo dieselbe Sprache gesprochen wird, wo wir Deutsch miteinander reden, heißt das noch lange nicht, dass wir uns verstehen.

Diese Woche bringt uns das Himmelfahrtsfest, und auch das Pfingstfest steht vor der Tür. Da geht es auch um die Frage: Haben die Jünger Jesus wirklich verstanden, haben sie ihn richtig verstanden? Manche meinen, die Kirche sei ein großes Missverständnis, Jesus habe eigentlich etwas ganz Anderes gemeint: Den Gottesdienst im Alltag, dass wir einander ergänzen nach seinem Beispiel, dass wir einander lieb haben und einander verzeihen nach seinem Beispiel, dass wir die Armen nicht gering achten wegen ihrer Armut nach seinem Beispiel. Also, das mit dem Verstehen und der Verständigung ist so eine Sache.

Am vergangenen Wochenende waren wir zu einem Besuch in unserer Partnerdiözese Blackburn in Großbritannien, und ich habe am Sonntag dort in Englisch gepredigt. Ob die Engländer mich verstanden haben, oder ob es ihnen wie meinem Kollegen ging, der bei einem zweieinhalbstündigen Gottesdienst im Dom zur Verabschiedung unseres Bischofs in all den vielen deutschen Worten nichts verstanden hatte außer dem Wort „Halleluja" – und das war Hebräisch. Wie ist das also mit dem Verstehen und der Verständigung, mit dem aufeinander Hören und einander begreifen lernen? Es ist schön, dass zu Pfingsten die Botschaft vom Heiligen Geist verkündet wird, der den Menschen hilft, einander trotz unterschiedlicher Sprachen zu verstehen.

Gemeinsam-Preis

Gestern wurde, das ist ja allenthalben bekannt, der Gemeinsam-Preis im Braunschweiger Dom verliehen, ein besonderes Ereignis, zu dem sich die Braunschweiger Zeitung und der Braunschweiger Dom vor 11 Jahren zusammengefunden haben. Wir haben festgestellt, da gibt es eine Schnittmenge zwischen der Arbeit einer Zeitung und der Arbeit hier am Dom. Die Schnittmenge heißt: Wir versuchen beide, das Unsere dazu beizutragen, dass unsere Gesellschaft im Innersten zusammen gehalten wird. Das geht ja nur, wenn wir einander in Respekt und Achtung begegnen und nicht die, die etwas haben auf die, die nichts haben, auf die sogenannten „Habenichtse" heruntergucken. Oder dass die, die in ein Amt gewählt werden, sich plötzlich wie von einem anderen Stern benehmen, so, als seien sie sozusagen vom Himmel gefallen. Oder dass die, die über Wissen und Macht, Geld und Einfluss verfügen, die anderen behandeln wie Massenware. Eine Gesellschaft lebt von dem, was sie im Innersten zusammen hält.

Deswegen sagt die Bibel auch eindringlich: *„Suchet der Stadt Bestes; geht es ihr gut, geht es euch gut."*

Das ist ein Abhängigkeitsverhältnis. Die Stadt, das sind wir, die Bürgerinnen und Bürger; die Stadt, das ist nicht die Verwaltung nebenan im Rathaus, die handelt im Auftrag der Bürgerinnen und Bürger, und deswegen ist es auch wichtig, das Sie möglichst, soweit Sie berechtigt sind, an der Wahl zum Oberbürgermeister teilnehmen; er soll unser Vertreter sein.

Das, was die Stadt im Innersten zusammen hält, ist aber auch das, was der Einzelne für die Gemeinschaft tut. Unser je eigener Beitrag dazu, dass es gut ist im Miteinander und dass wir einander nicht mit leeren Bierpullen die Schädel einschlagen, weil uns nach einem Bollerwagenausflug an den sogenannten sinnlosen Vatertagen nichts anderes mehr einfällt. Wer Gesellschaft so mitgestaltet, ist auf dem falschen Weg. Zerstörerische Kräfte gibt es genug. Gestern Abend wurden die in den Mittelpunkt gestellt, die einen anderen Weg gehen, die das tun, was gut ist für das gemeinsame Miteinander und deswegen erkannt haben, dass die Menschen darauf angewiesen sind, dass es gut ist. Und wenn dann die Betrunkenen in Krankenhaus eingeliefert werden und dort randalieren, so dass Wachdienste aufgestellt werden müssen, damit das Krankenhauspersonal nicht angegriffen wird, dann ist was schief und diese Schieflage muss beseitigt werden. Denn wer hat denn Lust, seine Haut ständig für Andere zu Markte zu tragen?

Also lassen Sie uns dabei bleiben, bei dem, was gut ist für das Miteinander: *„Suchet der Stadt Bestes, geht es ihr gut, geht es euch gut."*

Zu Besuch

Heute Abend besucht unser neuer Landesbischof die Bibelschule am Braunschweiger Dom. Eine einzigartige Einrichtung: Seit Jahrzehnten treffen sich Erwachsene zu Wochenseminaren, zu Wochenendseminaren, zu Studienfahrten. Bibelschule für Erwachsene. Die Bilder der Bibel verständlich zu machen, die alten Worte neu zu verstehen, Geschichten, die über 2000 Jahre alt sind, in die Alltagsgeschichten von heute zu übertragen; denn wer bitte geht denn hier noch mit Sauerteig um oder wer mit Samenkörnern, oder wer stellt noch eine großartige Geschichte an, wenn er einen Cent verloren hat.

Die Geschichten von damals müssten die Geschichten von heute werden, denn der Gott von damals ist der Gott von heute und der von morgen. Das Leben, das nach vorne ausgestreckt ist, sucht neue Erfahrungen in einen Dialog mit den schon gemachten zu bringen, das ist in Ihrem Alltag nicht anders als in meinem. Wenn ich morgen mit dem erleben will, was ich gestern erlebt habe, nehme ich mir die Chancen, etwas Neues, etwas Anderes, etwas Überraschendes zu entdecken,

Leben ist nach vorne offen, vergessen wir das nie; und wer sagt „Hier stehe ich, ich kann nicht anders, ich will nicht anders, ich habe schon alles, ich will nichts anderes mehr wissen als das, was ich schon weiß", der erklärt der Lebendigkeit des Lebens den Tod.

Gott ist unsere Zuversicht und ein festes Vertrauen auf das, was noch kommt, das ist biblische Botschaft.

In der Bibelschule am Dom kann man davon eine Prise mehr schnuppern; das tun jede Woche zwischen 80 und 90 Menschen. Ich selber bin dankbar, dass sie in all den Jahren, in all den unterschiedlichen Angeboten und Kursen uns hier am Dom die Treue gehalten haben.

Große Baubegehung

Einmal im Jahr gibt es eine große Baubegehung hier bei uns am Dom. Die fand heute Vormittag wieder statt. Wir versuchen, in möglichst viele verschiedene Winkel und Ecken zu gucken, betrachten Dächer, sehen uns Außenmauern an, gucken auf Fensterscheiben, achten auf Risse im Mauerwerk, betrachten die wertvollen Kunstgegenstände; das Ganze könnte man Fürsorge nennen, Fürsorgepflicht, etwas simpler nennt man das Bauunterhaltungspflicht.

Wir haben diesen Dom nicht gebaut, auch die anderen Gebäude, die zum Dom gehören, bis hin zum Domfriedhof stammen nicht aus unserer Zeit; wir haben sie ererbt und sind die Verpflichtung eingegangen, sie zu pflegen, weiterzuentwickeln und sie der nächsten Generation zu geben. Dass das alles nicht ohne viel Kreativität, Ideen, ohne viel Arbeit und ohne viel Geld geht, das ist ja wohl jedem schnell verständlich.

Jeder, der weiß, was er für seine Wohnung, sein Haus an Bauunterhaltung zu übernehmen hat, der wird ein Verständnis dafür haben, dass diesem riesigen Gebäude und seiner historischen Bedeutung, aber auch dem Haus mit unseren Büros und dem Gemeinderaum, aber auch dem Haus der Domsingschule oder dem Domfriedhofsgärtnerhaus, um nur einige Beispiele zu nennen, eine besondere Fürsorge zu gelten hat.

Große Baubegehung, da ist man unterwegs und denkt nicht nur an Heute und Morgen, an kleine Reparaturen, sondern auch an mittelfristige und langfristige Projekte; denn zum Beispiel die Sanierung des Domdachs, die irgendwann einmal an der Reihe ist, die bezahlt man nicht aus der Portokasse. Insofern sind wir dankbar für alles, was mit uns anvertrauten Geldern an Gutem hier getan werden kann.

Wir haben gerade die Dokumentation über die Sanierung der Wandmalereien vorgelegt, ein umfängliches Buch ist uns gelungen. Durch den Kauf und das Verschenken dieses Buch tragen Sie zur Bauunterhaltung bei. Und wir restaurieren gerade in Wien in einer Spezialwerkstatt das Grabdenkmal von Herzog Ludwig Rudolph und seiner Frau Christine aus der Barockzeit, ein besonderes Kunstwerk, auch dafür müssen wir Sorge tragen.

„Herr, ich habe lieb die Stätte deines Hauses." Ja, weil ich hier Gott begegnen kann, weil ich hier in Stille sitzen kann, weil ich

hier beten kann, weil ich hier schöne Musik hören, der Predigt zuhören kann, in den 5-Minuten-Andachten jeden Tag einen Augenblick Auszeit aus dem Alltag finden kann.
„Herr, ich habe lieb die Stätte deines Hauses." Ich bin dankbar, dass das Dach dicht ist und die Mauern fest stehen, und ich bin auch dankbar dafür, dass andere sich darum kümmern, dass es so bleibt.

Mittelalter

Wer selbst im Mittelalter zuhause ist, freut sich jedes Mal, wenn der mittelalterliche Markt vor die Haustür kommt.
Mittelalter: Das ist in Braunschweig sichtbar am Burgplatz der Dom. Mittelalter: Das ist die wiederaufgebaute Burg Dankwarderode. Mittelalter in der Zwischenzeit: Das sind auch die anderen Häuser aus unterschiedlichen Baustilen, aus Fachwerk und Lehm, aus Ziegelsteinen oder aus modernen Baumaterialien: Vom ehemaligen Dompredigerhaus hier vorne an der Ecke über das Braunschweigische Landesmuseum, das alte Vieweghaus aus der Zeit des Klassizismus und die wunderbaren Gebäude der Handwerkskammer und des Hotels Deutsches Haus.
Und mittendrin der Löwe, auch wenn sein Original in der mittelalterlichen Sammlung der Burg zu sehen ist: Er steht dort

so wie seit 1166.

Mittelalter, das war damals, das war früher, das war irgendwie dunkel, und die waren immerzu krank und hatten kein Licht und es feucht in ihren Wohnungen und hatten kaum was zu essen und dauernd gab es Krieg und Plünderungen.

Ist das unser Bild vom Mittelalter? Dann schauen Sie sich diesen Dom inwendig und auswendig doch an; er überliefert noch ein anderes Bild vom Mittelalter, sogar farbig und mit wunderbaren Malereien.

Aus Bronze und wunderbar gearbeitet, kunstfertig gestaltet der Marienaltar, der siebenarmige Leuchter und natürlich das größte und wichtigste Kunstwerk des Doms: Das Kreuz des Meisters Imervard.

Mittelalter, auch das ist Mittelalter, und die Menschen des Mittelalters haben auf ihre Art und Weise ihren Beitrag dazu geleistet, dass das Evangelium in dieser Stadt nicht verdunstet, sondern lebendig ist und weitergegeben wurde an die nächste Generation. Hätten sie das nicht getan, hätten wir es vielleicht nicht erhalten.

Wie wird das mit der nächsten Generation sein, für die wir Verantwortung tragen? Haben wir ihnen noch was zu erzählen, oder erben sie von uns nur Atommülllager und Mülldeponien, ungelöste Probleme und Glaspaläste von Versicherungen und Banken?

Man blicke auf das Mittelalter nicht despektierlich als dunkle Zeit, sondern man achte es als eine Zeit. Die Menschen leben immer in einer ganz bestimmten Zeit, und ob unsere die wirklich bessere und die wirklich fortschrittlichere und die wirklich friedlichere ist, das ist ja wirklich noch nicht raus.

„*Meine Zeit steht in deinen Händen.*", sagt der Psalmbeter; das gilt nicht nur für mich und meine persönliche Lebenszeit, das gilt auch für die Zeit der Menschen auf dieser Erde und für die Erde insgesamt. Zeit aber ist immer begrenzt, ihr gegenüber steht die Ewigkeit.

Gut, wie gut, dass wir Gott kennen, der von Ewigkeit zu Ewigkeit ist, wie die Bibel sagt.

Tag der Senioren

Heute ist den ganzen Tag rund um den Braunschweiger Dom und am Rathaus ein großes Informationsangebot aufgebaut zum „Tag der Senioren". Wir haben uns schon in einer Mittagsandacht an diesem Programm beteiligt.

Senioren sind wir alle irgendwie, denn von der Stunde der Geburt an werden wir immer älter. Früher nannte man die Senioren die „Alten", dann tauchte plötzlich die Meinung auf, das Wort „Alte" sei unfreundlich. Nun heißen sie Senioren, das ist zwar auch nichts anderes, ist nur Lateinisch, es klingt aber irgendwie ein bisschen freundlicher.

Nichtsdestotrotz, die Herausforderungen des Alters und des Alterns stehen uns vor Augen; jeder möchte gern alt und noch ein bisschen älter und noch ein bisschen älter werden. Aber so alt sein mit den Zipperlein und den Gebrechen, mit dem, was hier nicht mehr so richtig will und dort nicht mehr so richtig geht, das haben wir nicht vor Augen, wenn es darum geht, dass wir einander zum Beispiel anlässlich des Geburtstages singen: „Noch viele Jahre sollst du leben." Alte waren in der Bibel auch immer die Weisen, die Klugen, die mit dem gerüttelt Maß an Lebenserfahrung. Das, so vermute ich, möchte heute auch noch so sein, und natürlich gibt es immer diesen Wiederpart zwischen den Jungen und den Alten. Das hängt auch damit zusammen, dass die Alten auch zu ihren Fehlern, auch zu ihrem Versagen, zu ihrem Nichtgelingen stehen müssen, wenn sie ehrlich bleiben. Das hat auch etwas mit Weisheit und Klugheit zu tun. Wenn die Alten immer nur die Besserwisser sind, dann werden sie bei den Jungen kaum viel Freude und Freunde finden; das war in unserer Kindheit und Jugend nicht anders. Ehrlicher Umgang mit eigenen Lebenserfahrungen, den guten und den schwierigen, das ist es, wonach gerade junge Menschen immer wieder fragen: Wie ist es dir ergangen? Wie hast du das gemacht? Was hast du daraus gelernt? Hast du es noch einmal versucht? Wie hast du es beim nächsten Mal versucht?

Der Tag der Senioren ist für uns alle miteinander Gelegenheit, darüber nachzudenken, was es auf sich hat mit den unterschiedlichen Phasen des Lebens. *"Bis in euer Alter will ich bei euch sein und euch segnen, bis ihr grau werdet",* heißt es in der Heiligen Schrift.

Bläser für eine gute Sache

Heute nach dem Mittagsgebet gibt es die Möglichkeit, das Blechbläserensemble des Braunschweiger Doms unter Leitung unseres Kantors Witold Dulski in der Innenstadt zu erleben. Sie musizieren zur Freude, zur eigenen und hoffentlich auch derer, die die Musik hören, aber sie musizieren auch für einen guten Zweck. Das Ensemble wird im August zu einer Konzertreise nach Namibia aufbrechen. Ziel ist auch ein Besuch in unserer lutherischen Partnerkirche, die sich im Norden des Landes befindet. Dort gibt es ein kirchliches Krankenhaus, das sich vor allen Dingen der Aidspräventionsarbeit verschrieben hat. Dieses Krankenhaus müsste geschlossen werden, wenn keine Hilfe kommt; Hilfe, damit andere anderen helfen können. Was für eine wundersame Kette: Hier engagieren sich Menschen, damit Menschen dort Menschen in Not helfen können. Das ist wie früher die Kette mit den Wassereimern, die nötig war um ein Feuer, einen Brand zu löschen. Dabei bildete man eine Menschenkette. Kennen Sie das noch? Eine Menschenkette, nicht die Technik, sondern die Menschen waren es, die die

Distanz überwanden, damit Hilfe ans Ziel gelangen konnte. Ein schönes Bild: Eine Hilfskette von Braunschweig bis ins südliche Afrika. Man möchte den Bläserinnen und Bläsern wünschen, dass sie auf große Resonanz stoßen. Da das nicht das erste Mal ist, können wir heute schon sagen: Ja, es gibt Resonanz, es gibt Menschen, die sich anrühren lassen und mithelfen, auch das ist Kirche, auch das ist der Dom. Wir setzen solche Hilfsbereitschaft frei und schaffen es, Menschen zu begeistern und zu Engagement anzuregen. Insofern ist das ein pfingstliches Werk, denn wer sich von Gottes gutem Geist begeistern lässt, der nimmt den anderen in den Blick; und wenn der in Not ist, dann ist er bereit zu helfen. Wenn ich in Not bin und um Hilfe rufe, dann freue ich mich, wenn diesen Hilferuf jemand hört. Da geht es nicht um die Frage: Ist das ein Tropfen auf den heißen Stein? Wo Not ist und geholfen wird, da ist es schlicht und einfach gut.

Von Angesicht zu Angesicht

Heute setzen wir die Reihe der Gespräche unter dem Kreuz des Meisters Imervard fort. Sie haben es vielleicht gelesen, vielleicht haben sie auch eine Teilnehmerkarte. „Von Angesicht zu Angesicht" heißt diese Reihe und meint natürlich zunächst einmal, dass diejenigen, die sich unter dem Kreuz zu einem Gespräch treffen, einander ins Gesicht sehen. Hier wird also nicht übereinander geredet, sondern miteinander, und man erfährt etwas voneinander. Aber „von Angesicht zu Angesicht" meint unter dem Kreuz des Meisters Imervard natürlich noch etwas Anderes. Wir blicken auf das Kreuz und hören: *„Kommt her zu mir alle, die ihr mühselig und beladen seid; ich will euch erquicken."* Hier unter dem Kreuz des Meisters Imervard, das von so herausragender Bedeutung ist und älter ist als der Dom, hier unter diesem Kreuz schauen wir auf Christus und sehen unser kleines, in Jahrzehnten gezähltes Leben in einem größeren und weiteren Zusammenhang. Die Welt war schon vor uns, und sie ist auch noch nach uns, und Gott ist von Ewigkeit zu Ewigkeit. Was bin ich da drin, ich kleiner Mensch? Selbst wenn ich eine bedeutende Funktion, einen ausgewiesenen Beruf, eine große Fertigkeit, viel Kreativität, Klugheit und Geist besitze, was bin ich, ich mit meinen paar kleinen Lebensjahrzehnten, die man in der Regel an zwei Händen abzählt? Wir sprechen hier, wie es lateinisch heißt „sub species aeternitate" – unter dem, was wir sozusagen auf ewig hoffen. Unsere Zeit steht in Gottes Hand; ich finde, da ist sie gut aufgehoben. Das heißt, das endgültige Urteil über uns werden nicht Menschen sprechen, wie sie uns fanden, ob sympathisch oder unsympathisch, ob sie unsere Leistungen würdigten oder eher heruntermachten. Es ist sozusagen alles drin, nicht nur in der Politik, sondern auch im sonstigen alltäglichen Leben. Also, sich selbst noch einmal aus Gottes Perspektive und unter seiner Perspektive zu betrachten, das ist nicht nur etwas, wenn zwei Oberbürgermeister in einem Gespräch unter dem Kreuz des Meisters Imervard aufeinandertreffen, das kann auch Zwiesprache sein zwischen mir und Gott.

Sportler-Einkehr im Dom

Diese letzten Tage für mich hier im Dom sind noch einmal gefüllt mit einer ganz besonderen Reihe von Begegnungen: Gestern das Gespräch unter dem Kreuz des Meisters Imervard, heute Abend werden Sportlerinnen und Sportler hier auf ihrem Weg vom Platz der Deutschen Einheit am Rathaus zum Altstadtmarkt und Altstadtrathaus einkehren. Der Dom – eine Station am Weg. In Braunschweig finden an diesem Wochenende die *Europameisterschaften der Leichtathleten in den Nationalteams* statt. Wir haben internationale Gäste in der Stadt, das ist nichts Ungewöhnliches; aber, wenn es einmal wieder so im Fokus steht, auch etwas besonders Schönes. Auf dem Weg zwischen Rathaus und Altstadtrathaus geht man am Burgplatz vorbei, und schon macht der Dom seine Türen auf, und man kommt hinein. Eine Station, eine kleine Station auf dem Weg, auch eine kleine Station auf einem Lebensweg der Sportlerinnen und Sportler. Hier gibt es nicht Erster, Zweiter und Dritter und dann die vierten, fünften, sechsten usw. Plätze, hier sitzen alle auf derselben

Ebene. Vor Gott sind alle Menschen gleich, die Sieger und die Verlierer, die Erfolgreichen und die, die gerade wieder eine Niederlage einstecken mussten, denn das ist doch unser Leben. Immer mindestens zweiseitig und gut, wer rechtzeitig lernt, mit beidem umzugehen. Man kann nicht immer nur erfolgreich sein und Erfolg haben bei allem Üben und allem Trainieren, bei allem Sich-Anstrengen. „Nun streng` dich doch mal an" war auch solch eine merkwürdige pädagogische Anweisung zu Hause, wenn es irgendwo nicht richtig klappte. Natürlich kann man sich manchmal anstrengen, die Kräfte zusammennehmen und es noch einmal wagen, aber die Aufforderung „Nun streng` dich endlich einmal an", ist nicht unbedingt ein Motivationsschub. Denken wir doch heute Abend einen Augenblick darüber nach, wie das ist, unser Umgang mit den Niederlagen, mit den Misserfolgen, mit den vierten, fünften, sechsten oder ich weiß nicht was für Plätzen. Sportler können uns sowohl was die Leistung, die Energie, das Engagement, den Teamgeist, das „Schneller, höher, weiter" angeht, ein Vorbild sein, aber sie können uns auch ein Vorbild darin sein, wie man mit sich selbst und mit seinen Sportsfreunden umgeht, wenn genau das alles nicht funktioniert. Die meisten Teilnehmerinnen und Teilnehmer bei Wertbewerben stehen eben nicht auf Treppchen eins, zwei und drei.

Abschiednehmen

Dieser Monat ist ein Monat des Abschieds im Dom: Morgen verabschieden wir Dompfarrer Christian Kohn nach sieben Jahren Mitarbeit am Braunschweiger Dom.

Aus Hondelage kam er zu uns, wurde vom Kirchenvorstand gewählt und hat hier intensiv mitgearbeitet. Ich persönlich und wir als Domgemeinde haben ihm viel zu danken; davon war schon die Rede und wird morgen die Rede sein. Er hat mit seinen Gaben und Begabungen viel dazu beigetragen, das Profil des Doms weiter zu schärfen; das wird auch so werden, wenn ich Ende des Monats ausscheide und meine Nachfolgerin ihren Dienst beginnt. Jeder Einzelne, der in der Verantwortung steht, trägt auf besondere Weise bei, und es tut gut zu sehen, wie individuell die einzelnen Menschen ihren Teil zum Gelingen des Ganzen beitragen; das gilt auch für die anderen haupt-, neben- und ehrenamtlichen Mitarbeiterinnen und Mitarbeiter am Dom. Niemand ist unersetzlich, aber in der jeweils eigenen Art eben doch einzigartig. Darüber noch einen Augenblick nachdenken: Wie ist es damit, was wir mit anderen gemeinsam haben, was uns verbindet, wo wir uns sehr ähnlich sind und damit, worin wir uns von anderen unterscheiden, worin unsere Individualität sich zeigt? Das ist eine spannende Frage. Was ist der Mensch? Der Mensch ist ein Mensch, aber in je eigener Weise. Darum ist es auch ein Fehlschluss, meinen zu wollen, gut wäre es dann, wenn all die anderen genauso wären wie ich – wie langweilig, wie schrecklich. Wir wissen, wohin Systeme führen, die Menschen gleich machen wollen: Da wird alles grau, da verliert das Leben seine Farbe, da werden Uniformen verteilt.

„*Nehmet einander an, wie Christus euch zur Ehre Gottes angenommen hat*", schreibt der Apostel Paulus an die Gemeinde in Rom und meint genau dies. Die Unterschiedlichkeit zu akzeptieren und daraus etwas Gemeinsames zu gestalten, das ist die Aufgabe. Nicht dauernd zu sagen: Die anderen sind die anderen, und wenn die nicht so sind, wie ich oder wie wir, dann wollen wir sie nicht. Das führt nicht weiter, denn jeder Mensch ist anders als der andere. Es gibt nicht nur Typ Adam und Typ Eva. Schauen Sie sich selbst noch einmal genau an und betrachten Sie die Menschen neben sich, zwischen den Ihnen ganz Sympathischen und den Ihnen eher Unsympathischen. Manche Menschen sprechen von einem wunderschönen zoologischen Garten Gottes. Und wenn wir uns die Natur anschauen, gerade in diesen Wochen mit ihrer Farbenpracht und ihrem Wachstum und Gedeihen, können wir doch wirklich nur wie Paul Gerhard feststellen: „Mein Auge schauet, was Gott gebauet, zu seinen Ehren und uns zu lehren, wie sein Vermögen sei mächtig und groß."

Lebens-Zeit

Denn tausend Jahre sind vor dir wie der Tag, der gestern verging, und wie eine Nachtwache. (Psalm 90, 4)

In dieser letzten Woche meiner Dienstzeit ist die Gelegenheit gegeben, noch einmal über das Leben begrenzt in Raum und Zeit nachzudenken. Was ist es um uns und unsere wenigen Lebensjahrzehnte, aufs Ganze gesehen, versteht sich. Natürlich, jeder Tag hat seine Lust und Last; und die Summe der Tage, Wochen und Jahre, die Jahrzehnte, das ist unser Leben, keine Frage. Gefüllt, manchmal reich gefüllt, manchmal erlitten, manchmal in freudiger Erwartung, das Leben in seiner Ambivalenz, meistens mit mehr als nur einer Seite und mit viel mehr unterschiedlichen Schattierungen, als dass alles auf schwarz und weiß ginge.

„*Lehre uns bedenken*", sagt der Psalmbeter, „*dass wir sterben müssen*", sagt der Psalmbeter, „*auf das wir klug werden*", sagt der Psalmbeter. Es ist gut, wenn wir in unserem Leben über unser Leben nachdenken, wenn wir immer wieder kleine Zwischenbilanzen ziehen und gucken, wie es um Soll und Haben steht. Bleiben wir hinter dem zurück, was wir an Idealen, an Hoffnungen, Wünschen und Träumen so im Leben hatten? Geben wir uns mit kleiner Münze zufrieden, oder bleibt da doch noch etwas, wonach wir uns sehnend ausstrecken? „Was werden Sie machen, wenn Sie jetzt im Ruhestand sind?" Das bin ich in den vergangenen Wochen und Monaten immer wieder gefragt worden. Nun, die einfachste und schwierigste Antwort lautet: Ich werde leben, ich werde weiterleben. Das Ausscheiden aus dem Beruf ist doch nicht Beerdigung erster Klasse. Aufs Ganze betrachtet, in der Verantwortung vor Gott und den mir anvertrauten Menschen, da gibt es doch in der Tat das Eine und das Andere und das Andere und Eine noch zu denken, zu sehen, zu reden, zu tun. Wie es dann wird, ist erstmal eine Sache zwischen Gott und mir und findet dann glücklicherweise, muss man ehrlicherweise hinzufügen, weithin unter Ausschluss der Öffentlichkeit statt. *„Lehre uns bedenken, auf das wir klug werden."* Das ist eine wunderbare Bitte, so an einem Wochenanfang.

Zeitspanne

Siehe, eine Spanne lang sind die Tage, die du mir gesetzt hast. Wie nichts ist mein Leben vor dir, wie ein Hauch ist der Mensch, der doch so sicher steht. (Psalm 39, 6)

Ja, von der Zeitspanne ist die Rede; von der, die noch bleibt, und zwar konkret jetzt oder aufs Ganze des Lebens gesehen. Eine Spanne lang sind die Tage; eine Spanne, wissen Sie noch, zwei Finger - das ist eine Spanne, eine Spanne lang, also ein kleines Stück. Ein kleines Stück für den einzelnen Menschen, ein langes Stück; es gibt so etwas wie ein langes Leben. Wir wissen, dass es auch sehr viel unvollendetes, kurzes, junges Leben gibt, was zu Ende geht; aber wir hier, mindestens hier bei uns in Deutschland, haben uns daran gewöhnt, dass unser Leben doch Jahrzehnte währt. Aufs Ganze der Erdgeschichte betrachtet ist das in der Tat nur eine Spanne und aufs Ganze der Schöpfung betrachtet, angesichts des Schöpfers, der von Ewigkeit zu Ewigkeit ist, ist unsere Zeitlichkeit eher übersichtlich und überschaubar. Das führt manchmal dazu, dass wir Menschen uns in unserer Bedeutung und unserer Wichtigkeit überheben und so tun, als ob wir der Nabel der Welt wären. Das ist nicht nur eine Attitüde, die wir bei sogenannten VIPs oder hochrangigen Politikern feststellen können, die auch meinen, um sie würde sich fast alles drehen. Wir insgesamt als Menschen auf dieser kleinen Erde verbreiten allenthalben den Eindruck, das, was hier so passiert zwischen Damaskus und Bagdad, zwischen Berlin und London, zwischen Washington, Kiew und Moskau, Peking oder Tokio, das sei nun wirklich das Ein und Alles, das Wichtigste und Bedeutendste. Man muss nur zur Raumstation ISS fliegen, um festzustellen, dass die Erde zwar schön aussieht, aber aufs Ganze des Weltraums eben doch eher überschaubar in Größe und Bedeutung ist. Nichtsdestotrotz, das Leben auf dieser Erde ist etwas Besonderes; so viele auf Erden vergleichbarer Provinzen sind bisher nicht gefunden worden; vielleicht gibt es sie irgendwo noch, wer weiß, was noch zu entdecken ist. Also, diese Spannung zwischen wichtig und eher unwichtig, zwischen bedeutsam und eher unbedeutsam, zwischen einer Spanne lang und einem langen Leben, diese Spannung auszuhalten in Geist und Herz und Sinn, hat die Menschen schon immer umgetrieben und in ihrer Umtriebigkeit letztlich doch Gott wieder vor die Füße legen lassen. Das ist unser Glaube: *„Meine Zeit steht in deinen Händen Herr"*, das ist dann eben doch noch ein bisschen mehr als das, was jetzt gerade vor Augen ist. Da gibt es eine Wirklichkeit, die in unsere tägliche Wirklichkeit hineinragt, die mir eigentlich vertraut sein müsste, weil ich mich selbst nicht gemacht habe, sondern in bin auf die Erde gekommen und geworden, was ich bin. Vieles davon habe ich nicht selbst erarbeitet und ist auch nicht der Lohn meiner Mühe. „Wie ein Hauch ist der Mensch, der doch so sicher steht." Es ist wahr, irgendwann ist der Hauch verweht. Es ist gut, wer sich da nicht in die Tasche lügt, sondern realistisch bleibt und damit der Bibel auf der Spur, denn die betrachtet menschliches Leben nun wahrlich realistisch genug und fordert deswegen den Menschen auf: *„Befiehl dem Herrn deine Wege und hoffe auf ihn, er wird's wohl machen, auch mit dir."*

Zur Wochenmitte

Er gibt dem Müden Kraft und dem Kraftlosen Stärke in Fülle. Jünglinge werden müde und matt, junge Männer straucheln und fallen, aber die auf den Herrn harren, gewinnen neue Kraft. (Jesaja 40, 29-31)

Was für ein gutes Wort zur Mitte der Woche, wenn uns manchmal die Puste ausgeht. Wir brauchen Zeit zum Durchatmen. Die Geschwindigkeit im Leben hat vor allen Dingen auch durch die neuen Medien, mit denen wir kommunizieren, erheblich zugenommen. Auch Eisenbahn und Flugzeuge punkten damit, dass sie möglichst schnell sind. Alles, was Geschwindigkeit regelt und begrenzt, erregt Unmut; denken Sie nur an die ewigen Diskussionen über ein Geschwindigkeitsgebot auf deutschen Autobahnen. Da kocht die Seele. „Freie Fahrt für freie Bürger" nennt man das, und im Grunde genommen ist es nur ein noch schneller durchs Leben Sausen. Warum eigentlich? Ist es so attraktiv, möglichst schnell zum Friedhof zu gelangen? Der Mensch ist manchmal komisch; er weiß mehr als er im täglichen Leben auch richtig macht. *„Der Geist ist willig, das Fleisch ist schwach"*, sagte der Apostel Paulus schon. Wir wissen mehr, wir sind klüger als wir uns anstellen, denn das alltägliche Tun unterliegt einer erheblichen Schwerkraft eigener Lethargie, eigener Müdigkeit, eigener Lustlosigkeit, eigener Antriebsschwäche. Warum gibt es so viel Schlechtigkeit unter den Menschen? Weil das manchmal einfacher ist. Freundlich, gut, barmherzig, liebevoll, hoffnungsfreudig mit anderen umzugehen, kann in der Tat anstrengend sein. *„Dem Müden gibt Gott Kraft und dem Kraftlosen Stärke in Fülle. Die auf den Herrn harren, gewinnen neue Kraft."* Gott ist nicht ein Gott der Erfolgreichen und Schnäppchenjäger und Erstplatzierten, Gott guckt wie der gute Hirte vor allen Dingen auf die Kleinen und die Schwachen, damit sie auch mitkommen und nicht abgehängt werden. Was für ein tröstlicher Gedanke, dass die Bibel uns von einem Gott erzählt, der nicht immer ruft ‚schneller, höher, weiter', der nicht dauernd sagt: „Nun streng dich endlich mal an", der nicht nach einer Leistungsbilanz fragt, sondern, der vor allen Dingen dann, wenn die Kräfte schwinden und Kraftlosigkeit den Ton angibt, sagt: *„Wer auf Gott vertraut, hat wohlgebaut im Himmel und Erden."*

Du gehörst zu mir

Fürchte dich nicht, denn ich habe dich erlöst; ich habe dich bei deinem Namen gerufen; du bist mein! (Jesaja 43, 1)

So spricht er, der Herr, der dich schuf, der dich machte: „Fürchte dich nicht, ich bin mit dir; weiche nicht, denn ich bin dein Gott. Ich stärke dich, ich helfe dir, ich ergreife dich mit meiner rettenden Hand." Diese Worte, die der Prophet Jesaja in Gottes Auftrag dem Volk Israel sagt, gehören zu denen, die in der Bibel in besonderer Weise gekennzeichnet sind. Sie sind populär geworden, sie sind vielen Menschen bekannt; hieraus stammen Taufsprüche und Konfirmationssprüche. Von diesen Worten haben wir oft an den Gräbern gesprochen. Fürchte dich nicht, ich bin mit dir. Fürchte dich nicht, auch wenn du das Gefühl hast, mutterseelenallein zu sein. Fürchte dich nicht, wenn Angst sich deiner bemächtigen will und du nur noch Dunkelheit um dich siehst. Fürchte dich nicht in Krankheit und Not, fürchte dich nicht, wenn alle dich im Stich lassen. Fürchte dich nicht, denn du trägst meinen Namen, zu meiner Ehre habe ich dich geschaffen. Das, was dem Volk Israel einst zugesprochen worden ist, gilt durch Jesus Christus auch uns und zwar nicht nur im Allgemeinen und Großen und Ganzen, sondern das ist unsere feste Überzeugung auch ganz individuell, ganz persönlich. Der schöne Choralsatz ‚kennt auch dich und hat dich lieb' aus dem Lied „Weißt du, wie viel Sternlein stehen" ist für mich zu einem Schlüsselsatz geworden in all den Jahrzehnten meiner pastoralen Tätigkeit. Denn hier höre ich, dass ich nicht nur eine Nummer, nicht nur ein auswechselbares Teilchen bin, nicht nur bewertet werde, wenn ich gerade großartige Sachen vollbracht habe, sondern hier bin ich ganz und gar mit allem, was zu mir dazugehört: „Kennt auch dich und hat dich lieb".

„Darum fürchte dich nicht, denn ich bin dein Gott, ich bin mit dir, ich stärke dich, ich helfe dir, ich ergreife dich mit meiner rettenden Hand."

Haschen nach Wind

Es ist alles nichtig und eitel, es ist alles umsonst und ein Haschen nach Wind. (Prediger Salomo 1, 2)

Wenn ein Buch, ein Brief, ein Schriftstück mit solch einer Überschrift beginnt, greifen Sie dann zu, oder legen Sie es zur Seite und lassen es unbeachtet liegen? Die Betonung liegt ja auf alles, es ist alles nichtig und eitel, umsonst und ein Haschen nach Wind. Das ist die Erkenntnis nach einer langen Forschung, die der weise Prediger Salomo über das Leben angestellt hat. Wie es so zugeht auf der Erde unter den Menschen: Ich sah an alles Tun, das unter der Sonne geschieht. Ich habe geprüft, ich habe mir vorgenommen, alles zu erforschen, ich hab mir wirklich Mühe gegeben. Aber sag ehrlich: Worauf will es hinaus? Wir formulieren das mal aktuell so: Da gibt es nun die allgemeine Schulpflicht in unserem Land – was für eine Errungenschaft! Wer sich in der Geschichte ein bisschen auskennt, weiß, dass Jahrhunderte lang Bildung das Privileg der Reichen, der Wohlhabenden, der Mächtigen war. Bildung für alle, was für ein Riesenprogramm. Wenn wir ehrlich sind: Sind die Ergebnisse all der Bildungsbemühungen und Anstrengungen wirklich so, dass wir sagen können, es ist heute alles besser als früher? Ist die Welt wirklich besser geworden, und wenn ja, wie kommt es dann, dass so viel im Argen liegt, dass zwischen Wissen, Verstehen, Tun und Handeln der Graben immer noch so groß ist? Wir produzieren Waffen und wundern uns wenn sie eingesetzt werden; wir stellen Chemikalien her und wundern uns, dass sie als Waffen eingesetzt werden. Wir sind ständig damit beschäftigt, dass in unseren Lebensmitteln irgendetwas nicht stimmt. Es gibt Verordnungen, Gesetze; alles mögliche wird geregelt, und trotzdem stehen wir ratlos vor Aggression und Gewaltausbrüchen in Fußballstadien oder Fußgängerzonen. Phänome, von denen wir dachten, längst hätten wir sie überwunden. Bloß weil einem eine Nase nicht gefällt, haut man jemanden zusammen. Man raubt jemanden aus und vermöbelt und prügelt und tritt ihn hinterher auch noch, um zu zeigen, was für ein toller Kerl man ist. Was ist das, was ist der Mensch? Ich finde, die Erkenntnisse des Predigers Salomo, die in der Zwischenzeit 3000 Jahre alt sind, haben sich im Kern nicht so verändert, als dass man das einfach zur Seite legen könnte.

Wir bleiben aufgefordert, selbstkritisch zu sein, das Leben uns nicht schön zu reden, sondern wirklich hinzugucken und in Wahrheit festzustellen: Was ist schön und gut und förderlich und hilft einem guten Leben und einem guten Zusammenleben, und was ist es nicht. Dass Menschen bis in diese Stunde hinein verhungern oder als Flüchtlinge durch die Gegend vegetieren, das ist nicht gut; und dass unsere Soldaten in Afghanistan und ich weiß nicht wo im Einsatz sind, das ist nicht gut. Es mag sein, dass es notwendig ist, aber gut ist es nicht. Beim Prediger Salomo können wir lernen, dass eine richtige und gute und exakte Analyse dessen, was vorfindlich ist, hilfreich sein kann um festzustellen, wo ist dringender Besserungsbedarf.

Eine Generation stirbt, und eine andere kommt, und die Erde bleibt dieselbe. Die Sonne geht auf, die Sonne geht unter. Wir mühen uns und mühen uns oft immer wieder von vorne.

Seit Konfirmandenzeiten bin ich mit der Sammelbüchse für „Brot für Welt" durch Braunschweigs Straßen gegangen, 50 Jahre, und wir sammeln immer noch.

Mathilde von England

Heute erinnern wir an Mathilde von England, Herzogin von Sachsen und Bayern durch ihre Heirat mit Heinrich dem Löwen. Als junges Mädchen, als junge Frau kam sie über Minden, wo die Trauung stattfand, hier in die sächsischen Lande, um in Braunschweig, in Brunswick, zu leben und zu residieren. Ihr Mann war oft unterwegs; dann war sie so etwas wie Statthalterin, sie musste sich mit Ratgebern, Klugen, Ehrlichen, aber auch mit Hintertriebenen und Lügnern auseinandersetzen. Die Chronisten berichten, sie sei nicht nur hübsch, sondern auch fromm gewesen, und auf Grund ihrer Erziehung am englischen Königshof ihrer Eltern und am Hof ihrer Mutter, Eleonore von Aquitanien, sei sie durchaus selbstbewusst und geradlinig gewesen. Heute vor 825 Jahren starb sie, am 28. Juni 1189. Da war gerade knapp ein Jahr vergangen, dass Mathilde und ihr

Mann Heinrich hier waren, um mitzuerleben, wie Bischof Adelog von Hildesheim den Marienaltar oben im Hohen Chor weihte und damit diesen Teil des noch im Bau befindlichen Doms nun seiner Bestimmung und Nutzung übergab. Mathildes Einfluss während der ersten Jahre, also 1173 bis 1189, auf den Bau des Doms und seine Ausgestaltung dürfen nicht unterschätzt werden. Wir erinnern uns an sie, die im Laufe der Geschichte im Schatten ihres berühmten Mannes stand. Wie erinnern an sie und tun dies heute in besonderer Weise, indem wir an ihrem Grab, an ihrem Sarg das Totengebet halten. Sie war die Erste, die in dieser im Bau befindlichen Grabeskirche begraben wurde, hier an dieser Stelle. Der alte zurückbleibende Ehemann gab aus Anlass ihres Todes wohl den Siebenarmigen Leuchter in Auftrag, einen Toten- und Erinnerungsleuchter, der gleichzeitig, in der Form eines Baumes, die Hoffnung auf die Ewigkeit, die Himmlische Stadt Jerusalem symbolisiert. Hier liegt Mathilde neben ihrem Mann, die Augen der Grabskulptur sind geöffnet, sie schaut über den Leuchter hinauf ins Himmlische Jerusalem, schaut auf das, was sie geglaubt hat. In diesem Glauben sind wir ihr verbunden durch alle Zeiten, denn tausend Jahre sind vor Gott wie der Tag, der gestern verging. Da schrumpfen unsere Zeitverhältnisse auf Kleinteiliges, und der Glaube gewinnt Statur. Sie zählt zu denen, die uns im Glauben vorausgegangen sind. Wir wollen uns in diesem Glauben Gott nähern mit der Bitte: Führe uns durch diese Zeiten, führe uns vor allen Dingen zu dir.

„last but not least"

Dies ist nicht etwa das dicke Ende! Denn die täglichen 5-Minuten-Andachten gehen ja weiter; morgen steht hier Dompredigerin Cornelia Götz und wird mit den hörenden, mitdenkenden, betenden Menschen tagtäglich durch das Dick und Dünn des Alltags gehen. Biblische Deuteworte sind das hilfreiche Geländer auf unserem Lebensweg. Gut, dass dieses besondere Gotteshaus täglich seine Türen auftut, damit ein- und ausgehen kann, wer Gottes Segen auf all seinen oder ihren Wegen nicht missen möchte. Hier ist die Ehre seines Namens zuhause, wie Salomo es einst bei der Weihe des ersten Tempels der Israeliten sagte – die ja mit solcherlei Wohnhäusern ihres unsichtbaren Gottes keine Erfahrung hatten, und denen ein Götterbild im Allerheiligsten untersagt war. Aber dass an diesem besonderen Ort dem Schöpfer des Himmels und aller Himmel Himmel und der Erde die Ehre gegeben werden kann, das leuchtet doch ein. Wie sollten auch irdische Begrenzungen und menschliche Begrenztheiten ihn denn fassen?

Aber dass es mitten in Stadt und Braunschweigischem Land diesen Dom gibt, diese Schutzhütte auf den Lebenswegen der Menschen, dessen Türen jeden Tag stundenlang offen stehen, das ist schon ein großes Glück. Wir, die wir hier gearbeitet haben oder arbeiten oder zu arbeiten beginnen, sind ja nur seine Hausverwalter, Verwalter der guten Gnadengaben, die Gott uns geschenkt und anvertraut hat. Dass wir als treue Hausverwalter empfunden werden, die nicht Schindluder mit dem Anvertrauten treiben, die nicht fahrlässig mit ihm umgehen, sondern mit den Pfunden im Sinne des Hausherrn wuchern – das ist und bleibt das Thema dieses Ortes.

Seit diese täglichen Andachten vor mehr als 40 Jahren begonnen wurden, ist nicht eine ausgefallen! Weder Wind noch Wetter, weder Zeitläufte noch Frömmigkeitsmuster waren Hinderungsgründe; die Braunschweiger staunten – so weiß mein Vorgänger Armin Kraft lebhaft zu berichten – anfangs nicht schlecht, „dass da immer wer ist…". Heute staunen Kollegen und Besucher aus aller Herren Länder nicht schlecht; die einen über Durchhaltevermögen, die anderen über tägliches Predigen: Gut so, Staunen erfrischt die Seele.

Der Herr segne unseren Ausgang und Eingang von nun an bis in Ewigkeit!

Printed by Books on Demand GmbH, Norderstedt / Germany